경영혁명

변화 너머 변화를 이끄는,
CEO들의 8가지 초경영법

윤경훈 지음

KMAC

008 프롤로그
　　　자유롭고 도전적인 경영을 하라

1장　변화의 혁명은 시작되었다

- 021 **변화를 수용하는 경영**
- 022 조직 파괴가 성과로 이어지기도 한다 ⋯▶ 홀라크라시
- 026 보스가 없어도 성공한다 ⋯▶ 자포스
- 034 ▶▶Insight 180도 다른 발상은 새로운 도전의 기회를 준다

2장　경영철학으로 변화를 리드하는 CEO

- 039 **인공지능이 제시하는 경영철학의 가능성**
- 046 **과학적 경영철학의 시대**
- 047 공동창조의 경영철학을 실현하다 ⋯▶ 레노버
- 052 로봇과 인간이 함께 일하는 시대를 선도하다 ⋯▶ ABB
- 058 직원들의 소망을 경영철학에 담아내다 ⋯▶ 파소나
- 066 ▶▶Insight 경험의 통합을 이끄는 가치 발견

3장 인공지능이 승진을 결정하는 시대

- 071 **인공지능 면접관 시대가 왔다**
- 083 **경영혁명 4.0 시대의 인재혁명**
- 084 슈퍼 사원들의 집합체 ⋯▶ 산슈세이카
- 089 사내 SNS로 소통하는 인재를 만들다 ⋯▶ 시티즌
- 092 AI 인사부장의 탄생이 가져온 변화 ⋯▶ 크레디트스위스
- 096 ▶▶Insight 인재혁명의 인사이트

4장 마켓 4.0을 이끄는 CMO 시대

- 101 **마켓 4.0 : 마케팅 무한도전의 역사**
- 109 **마켓 4.0을 리드하는 기업들**
- 110 올웨이즈 온 마케팅의 대표 주자 ⋯▶ 나이키
- 115 고객에게 시간을 돌려주는 노 브랜드 ⋯▶ 무인양품
- 120 세계의 빅데이터 센터를 꿈꾸다 ⋯▶ 텐센트
- 124 ▶▶Insight 1 여성을 주체로 한 마켓 4.0
- 127 ▶▶Insight 2 마케팅을 통한 기업의 부활

5장 제로 리스크 시대의 리스크 관리

- 131 **새로운 리스크와 리스크 관리 혁명**
- 139 **새로운 리스크 관리에 도전하는 기업들**
- 140　제로 리스크의 함정에 빠지다 … 딜리버루
- 144　리스크를 마케팅의 기회로 삼다 … 프로그레시브
- 147　리스크 관리의 허상이 가져온 위기 … 영국항공
- 152　틈새 전략으로 문제를 해결하다 … 도어맨
- 157　▶▶Insight 불가항력 리스크에 대한 대안

6장 노동자 부재의 스마트 경영 시대

- 161 **노동자의 부재와 혁신의 딜레마**
- 168 **스마트 경영을 향한 기업들의 도전**
- 169　노동인구 감소를 대비한 스마트 팩토리 전략 … 캐논
- 174　점진적 진화를 통한 스마트 제조혁신 … 노빌리아
- 178　로봇이 대체 불가능한 인간의 가치 발견 … 발뮤다
- 180　감정노동의 희망, 디지털 레이버 … 버진 트레인즈
- 186　▶▶Insight 기술혁신의 주인공은 여성

7장 뉴파트너십 코피티션의 시대

- 191 **제4차 산업혁명 시대의 파트너십과 생존 전략**
- 191 감정보다 실리를 추구하는 코피티션
- 194 IT 공룡들을 손잡게 한 AI
- 198 **코피티션을 통해 생존의 길을 찾은 기업들**
- 198 배려는 코피티션의 전제조건이다 … 바스프와 랜다
- 201 파트너십의 깊이는 시간에 비례한다 … 도레이와 보잉
- 204 포괄적 파트너십을 통한 생존 전략 … 화웨이와 오라클
- 210 ▶▶Insight 제4차 산업혁명 기술을 활용한 뉴파트너십

8장 NO CEO 시대의 경영

- 215 **NO CEO 시대의 전원경영**
- 223 **NO CEO 시대의 경영혁명**
- 224 격자 조직에 기반을 둔 직원 참여형 리더십 … W. L. 고어
- 231 권위를 배제한 리더십 조직 … 오토매틱
- 235 CEO가 없는 기업 … 크리스프와 DPR
- 242 ▶▶Insight 지금은 전원분석경영의 시대

- 244 에필로그
  AI 경영과 IA 경영 사이에서 공동가치를 찾다

프롤로그

자유롭고 도전적인
경영을 하라

 어쩌다 재래시장의 생선가게 앞을 지나가노라면 큰 어항과 좌판에 놓여 있는 생선과 해산물들이 손님을 맞이하는 광경을 보게 된다. 가게 앞 주변은 항상 물기로 가득하다. 그런데 그 모습이 신선하게 느껴지기는 하지만, 세련되어 보이지는 않는다. 마트의 생선 코너에 가도 재래시장보다 정돈되고 편리해 보이기는 하지만, 여전히 세련된 느낌과는 거리가 멀다.
 생선가게와 세련됨이란 마치 공존하기 힘든 것처럼 보인다. 어쩌면 생선가게는 사람 사는 맛이 느껴지는 공간이어야 한다는 것이 하나의 전제로 굳어 있어서 이제껏 아무도 세련된 생선가게를 만들겠다는 생각을 하지 않았는지 모른다.
 하지만 일본의 주식회사 후디슨Foodison이 전개하는 브랜드

'sakana bacca(サカナバッカ: 생선바보)'는 우리가 생각하는 생선가게의 이미지를 180도 바꾼 프랜차이즈 생선가게이다. 가게는 카페라고 해도 믿을 만큼 세련된 형태로 꾸며져 있고, 일하는 직원들도 벤처기업의 직원들 같은 분위기에 활기가 넘친다. 그리고 사카나바카가 다른 생선가게와 구별되는 결정적인 차이점은 빅데이터 관리를 통해 생선과 해산물의 개별 정보관리 및 유통관리를 실시하고 있다는 것이다. 대형 마트도 아닌 소규모의 생선가게일 뿐인 사카나바카는 빅데이터와 IT 기술을 활용해 발상의 전환을 함으로써 도전과 성공을 이끌어냈다는 평가를 받고 있다.

하지만 사카나바카의 근본적인 성공의 원인은 거대한 계획을 세우고 그것을 실천하는 일에 얽매이는 것이 아니라, 자신들이 운용할 수 있는 범위 내에서 제4차 산업혁명의 기술을 활용해 그날그날 어민들이 제공해주는 생선을 소비자에게 신선한 상태로 공급하기 위해 노력했고, 그것이 성과로 이어진 것이었다. 다시 말해서 중장기의 전략이라는 틀에 구속되기보다는 시대의 흐름에 맞추어 하루하루를 충실히 살아가며, 불확실한 상황 변화에 적절히 대응해가는 경영자의 모습이 새롭게 주목을 받고 있는 것이다.

그런데 특이한 것은 이처럼 제4차 산업혁명을 상징하는 기업들이 주목을 받고 있음에도 불구하고, 일본에서는 제4차 산업혁명이 그렇게 빈번하게 사람들의 입에 오르내리지 않는다는 점이다. 왜 그럴까? 어쩌면 그 변화가 그저 서서히, 그리고 조용히 진행되는 일상으로 여겨지고 있기 때문일 것이다.

한편, 한국에서는 연일 제4차 산업혁명, 인공지능AI, 사물인터넷IoT, 그리고 빅데이터와 같은 용어가 뉴스를 통해 전해지는 가운데, 이러한 변화의 주역은 평범한 기업의 직장인이나 영세 자영업자 혹은 중소기업이 아니라, 자본과 기술을 가진 대기업과 벤처기업에 초점이 맞추어져 있는 경향을 보인다. 실제로 제4차 산업혁명을 추진하는 과정에서 전해지는 기업 관련 뉴스도 대기업과 일부 주목받는 벤처기업에 국한되어 있다.

한국 사회가 제4차 산업혁명을 추진하는 과정에서 직면한 문제로는 과도한 규제, 인프라의 부족, 그리고 전문 인력의 부족 등을 들 수 있다. 이것들과 관련된 내용이 언론에 보도되면, 제4차 산업혁명에 관심을 가지고 있는 사람들은 우리나라의 산업 경쟁력이 괜찮은지, 이러다가 우리나라만 변화의 흐름에 뒤처지는 것은 아닌지 우려를 표한다. 실제로는 굳이 그러한 걱정을 할 필요가 없는데도 말이다. 해외에서 사는 필자의 시점에서 보면, 한국만큼 제4차 산업혁명에 사회 전체가 관심을 기울이는 경우는 드물기 때문이다.

물론 앞서 말한 일본처럼 제4차 산업혁명에 대한 이슈가 크게 다루어지지 않는 것이 바람직한 태도는 아니다. 오히려 한국처럼 제4차 산업혁명에 관한 이슈가 자주 언론에 보도되는 것이 변화를 보편적으로 인식하는 계기가 되기 때문에 더 긍정적일 수 있다. 자주 입에 오르내릴수록 제4차 산업혁명에 대한 관심이 그만큼 커지기 때문이다.

이런 점에서 보면, 우리나라가 제4차 산업혁명의 변화에 뒤처져 있는지 어떤지 걱정할 필요가 없다. 그저 전문가들이 지적하는 것처럼 제4차 산업혁명과 관련된 과도한 규제를 완화하고, 인프라를 구축하며, 전문 인력을 양성해나가면 된다.

하지만 이 점에 대해 '너무 쉽게 생각하고 있지 않나?'라는 의문이 생길 수 있다. 규제를 해소하고 전문 인력을 양성하는 데 얼마나 많은 시간과 노력이 들어가는데, 그냥 하면 된다고 하니 너무 안이하게 생각하는 것 아니냐는 비판이 제기될 수도 있다.

물론 필자도 이 지적에 대해서는 공감한다. 그리고 규제를 해소하고 전문 인력을 양성하는 것이 얼마나 어려운지도 잘 알고 있다. 그런데도 왜 이 문제를 해결하기만 하면 만사형통이라고 생각하는지에 대해 말하자면, 한국이 제4차 산업혁명에 대처하는 현 상황을 너무 비관적으로 보는 까닭에 시점을 바꾸었으면 하는 바람을 가지고 있기 때문이다. 한국은 충분히 잘 대비해왔고, 앞으로도 잘할 수 있을 것이다. 그러므로 다른 나라의 상황과 비교해서 상대적으로 부족한 부분을 전체가 부족한 것으로 여기지 않았으면 한다.

다만, 여기서 한 가지 유의해야 할 점이 있다. 제4차 산업혁명과 관련된 사업을 지속적으로 추진하는 과정에서 지나치게 구체적인 전략과 계획을 수립하는 데 모든 것을 걸지 말았으면 하는 것이다. 즉 '전략병戰略病'의 함정에 빠지지 않았으면 한다. 여기서 말하는 전략병이란 경영자들이 중요시하는 전략과 계획이라는 두 가지 단어를 가능한 배제해야 한다는 것을 뜻한다.

본래 기업의 경영자와 주요 부서에 있는 사람들은 새로운 도전이나 변화를 시도할 때, 어떻게 해서든지 중장기 계획을 세워 기업의 경영 방향을 설정하려는 습성이 있다. 그런데 제4차 산업혁명을 추진하는 데 걸림돌이 되는 문제를 해결하기 위해서 전략과 계획을 수립하느라 시간을 보내는 것은, 기업이 새로운 변화를 추진하는 데 효과적으로 작용하는 것이 아니라 오히려 악재로 작용할 가능성이 크다. 왜냐하면 제4차 산업혁명처럼 하루가 다르게 급변하는 상황에서 중장기 전략을 세워 그것을 지켜나가려는 발상 자체가 시대의 흐름에 맞지 않기 때문이다. 예전의 '경제개발 5개년 계획'과 같은 정책과 전략이 지금 시대에는 더 이상 적합하지 않다는 것을 의미한다. 그러므로 중장기 계획을 고집하는 사람은 이제 전략병에 걸린 환자로 치부되는 시대가 된 것이다.

이러한 이유 때문에 너무 지나치게 계획에 얽매이지 말고, 하루하루 업무와 일상에서 발생하는 문제를 방치하거나 누적되지 않도록 하면서 적절히 대처해나가는 것이 필요하다. 이렇게 일상에서 발생하는 문제를 해결해나가는 과정에서 인공지능, 사물인터넷, 그리고 빅데이터를 적절히 활용한다면, 그야말로 이상적인 제4차 산업혁명의 길을 걸어가게 되는 것이다.

이렇게 일상에서 발생하는 문제를 해결해나가는 과정에서 인공지능, 사물인터넷, 그리고 빅데이터를 적절히 활용한다면, 그야말로 이상적인 제4차 산업혁명의 길을 걸어가게 되는 것이다.

그럼에도 불구하고, 여전히 사람들은 먼 미래를 향해 도전하는 청사진을 제공하지 않고, 그저 하루하루를 충실히 보내는 기업인의 모습이 너무나 생소하게 느껴질지도 모른다. 하지만 과거와는 전혀 다른 형태, 기존의 상식이 무너지는 기업 경영이 필요한 시대라는 점을 고려하면, 기업의 구성원들은 지금과는 다른 기술, 조직관리, 인재, 마케팅, 그리고 철학을 가질 수밖에 없는 상황이 된 것이다.

따라서 이 책에서는 제4차 산업혁명이 시작된 이후 급변하고 있는 상황 속에서 어떻게 기존 고정관념의 틀에서 벗어나 자유롭고 도전적인 경영을 실현할 수 있을까 하는 문제의식을 가지고, 미래의 변화에 대처하는 방법을 고민해보고자 한다.

먼저 제1장에서는 지금 우리의 삶을 변화시키는 혁명적인 요소란 어떤 것인지, 그 혁명의 본질을 구체적인 사례를 통해 파악한다. 그리고 제2장에서는 경영자들이 과거 자신의 경험에 근거한 주관적인 생각 혹은 사고에 근거해 경영철학을 세우는 방식의 한계를 지적하고, 새로운 과학적 시대에 경영철학이 왜 필요한지에 대해 논하고자 한다.

예전 같으면 마쓰시타 고노스케松下幸之助나 헨리 포드Henry Ford 같은 카리스마 경영자들의 개인적인 믿음과 생각의 깊이가 기업의 성장을 지탱하는 중요한 요소였다고 할 수 있다. 하지만 지금은 경영자 개인의 경영철학조차도 과학적인 근거가 뒷받침되어야 한다. 왜냐하면 그것이 기업의 오너 혹은 경영자 개개인의 판단의 오류에 의해 초래할 리스크가 너무나 크고, 그러한 것을 인공지능을 활용함으로써 충분히 보완할 수 있는 환경이 조성되어 있기 때문이다.

제3장에서는 기업의 인적자원 관리가 인사부장이나 인사팀장 같은 담당 분야의 전문가가 아닌 인공지능에 의해 체계화되고 과학화되는 움직임에 대해 소개하고자 한다. 과거에 인사 업무는 사람의 주관에 의해 좌우되는 경향이 강했다. 즉 학연, 지연 등의 인맥이 내부의 인사에 영향을 끼치는 경우가 많았다. 따라서 이러한 과거의 부조리를 극복하고 최적화된 인적자원 관리를 위한 인공지능의 활용 가능성을 살펴본다.

제4장에서는 기업의 마케팅이 단순히 소비자의 구매를 유도하는 차원을 넘어 고객의 만족, 특히 고객 자신의 자아실현이라는 단계에까지 만족도를 요구하는 시대에 들어서고 있다는 사실에 주목해, 마켓 4.0 시대의 마케팅의 의미를 파악하고자 한다.

제5장에서는 인공지능과 빅데이터 등의 기술혁신이 급속히 진행되는 이 시대에 리스크란 무엇인가에 대해 고민해보고자 한다.

흔히 인공지능이 발달하면 할수록 리스크를 헤지risk hedge할 수 있는 길이 확대된다고 생각한다. 하지만 두더지잡기 게임처럼 리스크는 끊임없이 새롭게 나타난다. 따라서 리스크를 최소화해야 하는 시대에 우리가 직면하는 리스크란 무엇인지에 대해 구체적으로 살펴본다.

제6장에서는 노동자들의 일자리를 위협하는 디지털 레이버Digital Lavor와 생산공정의 혁신을 이루는 스마트 팩토리Smart Factory가 확대되는 가운데, 생산현장에서의 변화의 움직임을 살펴보고자 한다. 그럼으로써 사람과 로봇이 어떻게 공존할 수 있는지 생산제조 현장에서 혁신의 길을 모색하고자 한다.

제7장에서는 과거의 라이벌이 오늘날은 동지가 되는 코피티션 copetition(경쟁과 협력) 경영의 의미에 대해 살펴보고자 한다. 과거에 기업들은 라이벌 기업을 결코 협력할 수 없는 존재로 인식해왔다. 하지만 시대가 변했고, 지금은 경쟁자와 협력함으로써 새로운 가능성을 모색할 수 있다. 여기서는 그 가능성을 살펴본다.

제8장에서는 제4차 산업혁명의 인공지능 기술을 활용하는 과정에서 과연 경영자가 필요한가라는 주제에 대해 고민해본다. 지금까지 우리는 기업의 경영자를 사람이 아닌 인공지능 혹은 로봇으로 생각해본 적이 없다. 왜냐하면 CEO의 자리를 인공지능에게 혹은 로봇에게 넘겨준다는 것은, 기업의 지배권이 사람에게서 사물로 넘어간 것이라고 보았기 때문이다. 하지만 이러한 발상 자체가 어찌 보면 변화의 흐름에 역행하는 것일 수도 있지 않나라는 질문을 던지면서, 앞으로 다가올 시대에 경영자의 존재 가치란 무엇인지를 고민해보고자 한다.

끝으로 이 책이 나올 수 있게 도와주신 분들에게 감사의 말을 전한다. 먼저 이 책의 발간을 흔쾌히 허락해주신 한국능률협회컨설팅의 김종립 대표이사 부회장님, 항상 새로운 시대의 경영 과제에 대해 함께 고민하고 조언을 해주신 정만국 편집장님, 이 책의 기획과 구성에 대해 아낌없는 조언과 진행을 맡아주신 김선정 시니어 컨설턴트, 그리고 Chief Executive에 연중기획 시리즈를 진행하느라 고생하시는 박예진 기자에게 진심으로 감사의 말씀을 드리고 싶다.

또한 일본에 떨어져 있으면서 부족한 부분이 많아 항상 심려를 끼쳐드리고 있음에도 불구하고 아들, 며느리, 그리고 손녀를 위해 지원과 격려를 아끼지 않는 부모님께 머리 숙여 죄송하고, 또 감사하다는 말씀을 전하고 싶다. 언제나 우리 가족을 응원해주시는 장인, 장모님께도 이 지면을 빌려 고맙다는 인사를 드리고 싶다. 마지막으로 지난 1년 동안 영국 케임브리지에서 고군분투하며 동지애를 발휘해준 아내와, 경영혁명의 시대에 배움의 길에 들어선 딸 보윤이에게 사랑과 감사의 마음을 전한다.

2018년 10월

윤경훈

새로운 변화가 일어날 때 이 변화에 대한 대응 방식은 몇 가지로 나뉜다. 첫 번째는 변화를 앞서 예측하고 행동하려는 형태이고, 두 번째는 변화의 모습이 확실히 보이면 그 변화에 맞추어 대응하는 것이며, 세 번째는 변화가 일어나도 그 변화를 따라가지 않고 기존 방식을 고수하려는 형태이다. 마지막으로는 변화를 자기와 무관한 것으로 여기고 관심조차 보이지 않는 것이다. 지금 제4차 산업혁명이라는 새로운 파도가 몰려오는 가운데 경영자들은 네 가지 방식 중 어떠한 형태로 변화에 대처해야 할까? 물론 아무것도 하지 않고 관망하는 것을 선택하는 경영자도 있겠지만, 그러기에는 변화의 속도가 너무나 빠르고 주변에서 그렇게 관망하도록 방치하지도 않을 것이다. 이제는 능동적으로 변화에 대응할 수밖에 없는, 그야말로 경영자 스스로 혁신해야 하는 경영혁명의 시대가 도래한 것이다.

변화를 수용하는 경영

제4차 산업혁명이 놀라운 변화를 이끌었다. 거의 모든 일과 경영 구조를 재편하며 각국의 정부와 기업은 새로운 핵폭탄급 경영혁명 패러다임에 맞서게 되었다. 아직까지 제4차 산업혁명이라는 열차에 올라타지 못했다면 더 이상 존립 자체가 위험할 수 있다.

일반적으로 제1차 산업혁명은 18세기에 영국에서 세계로 퍼져나간 증기기관으로부터, 제2차 산업혁명은 19세기 말 미국을 중심으로 한 모터와 컨베이어 벨트 등 전기 기술의 보급으로부터 시작되었다. 제3차 산업혁명은 20세기 후반, 양자물리학을 활용해 전자를 자유자재로 조작하는 기술의 확대를 의미한다. 그리고 이러한 한 시대의 변화를 견인하며 산업혁명의 역사를 계승하는 제4차 산업혁명이 현재 독일을 중심으로 진행되고 있는데, 그 혁명의 중심에는 빅데이터와 인공지능AI 기술이 자리 잡고 있다.

어찌 보면 제3차 산업혁명까지는 기업 경영의 요소 대부분이 경영자 개개인의 능력에 근거한 판단에 의해 좌우된 시대였다고 한다면, 제4차 산업혁명이 진행되는 시대는 인공지능이 경영자를 대신해 판단의 가이드라인을 제시하고, 경영자는 오히려 그러한 정보를 취합해 창의적인 발상으로 재탄생시키는 것이 중요시되는 형태로 바뀌었다. 그렇다면 제4차 산업혁명 시대에 경영자는 이러한 변화에 적합한 경영 방법을 어떻게 찾을 수 있을까?

조직 파괴가 성과로 이어지기도 한다
홀라크라시

경영자는 지금까지 가지고 있던 권한을 내려놓는 일부터 시작해야 한다. 과거에 경영자는 기업의 최종 의사결정자로서의 권한을 가지고 있었다. 조직의 각 부서에서 올라오는 모든 정보를 취합해 판단을 내려야 하는 정보의 최종 취합자의 위치에 있었기 때문이다.

하지만 빅데이터와 인공지능이 해석한 정보는 이제 경영자만의 전유물이 아니라 기업의 조직 구성원 모두가 공유할 수 있게 되었다. 즉 각 조직의 구성원들이 각자의 업무에서 정보를 바탕으로 신속하게 판단할 수 있는 환경이 형성된 것이다. 따라서 경영자는 바로 이러한 현장의 판단을 지원하는 시스템을 만들고, 믿음과 신뢰를 바탕으로 조직 구성원들의 능동적인 업무 추진을 지원하는 지원자로서의 역할에 중점을 둬야 한다. 또한 조직 구성원들이 현장 리더십을 보다 적절히 발휘할 수 있도록 서번트servant로서의 역할을 수행하는 것이 미래의 경영자들에게 요구되고 있다.

그런데 경영자들이 현장의 판단을 존중하고 조직 구성원의 활약을 지원하기에 앞서 충족시켜야 할 전제조건이 있다. 그것은 바로 이러한 조직 운영이 가능한 환경을 만들어야 한다는 점이다. 그리고 그 과정에서 최근 주목을 받고 있는 방법이 '홀라크라시Holacracy'이다.

홀라크라시는 종래의 중앙집권 형태에서 이루어지는 톱다운Top-down의 명령 체계를 가진 조직이 아닌 전혀 새로운 조직 형태를 가리키는 개념이다. 조직 내에서 계급 혹은 직급과 서열을 나타내는 명칭이 없고, 상사 혹은 부하 등의 히에라르키Hierarchy(계층) 구조가 전혀 존재하지 않는 평면적인 조직관리 체계를 뜻한다. 즉 상하관계가 존재하지 않는 평면적인 홀라크라시 조직이기 때문에, 여기에서는 의사결정 기능이 조직 전체로 확장되는 동시에 분산되어 있어서 각 팀의 개개인이 의사결정을 내려 업무를 추진하는 것이 일반적인 형태이다. 다시 말해서 세분화된 팀별로 각각 최적의 의사결정을 내리고, 그것을 실행함으로써 조직을 자율적으로 통치해나가는 시스템이다.

그렇다면 홀라크라시 이론은 언제 제창된 것일까? 일반적으로 알려져 있는 것은 미국에서 소프트웨어 회사를 설립해 경영하던 브라이언 로버트슨 Brian J. Robertson이 주장하면서부터라고 한다. 2007년 로버트슨은 스스로가 창안한 홀라크라시 이론을 새로운 조직 운영의 방법으로 발표했다. 이후 그가 추진한 홀라크라시는 유럽과 북미의 벤처기업가들로부터 주목을 받기 시작했고, NPO 및 사회적 기업 등을 중심으로 급속히 확산되었다.

그렇다면 북미와 유럽의 기업들을 중심으로 홀라크라시가 먼저 도입된 이유는 무엇일까? 홀라크라시를 도입한 기업 경영자들의 인터뷰 자료를 종합해보면, 종래의 히에라르키적인 조직 형태에서 인적자원을 관리하고 감독하면 많은 시간과 비용이 드는 반면, 홀라크라시를 도입하면 조직 내에 구성원들을 일일이 관리 및 감독하는 부담이 줄어들고, 동시에 구성원들이 상사의 눈치를 보거나 그들의 지휘와 평가에 부담을 갖지 않고 자신의 역할에 집중하게 되는 이점이 있기 때문이다.

일반적으로 구성원들은 칭찬을 받으면 동기부여가 되어 업무 능력이 향상되지만, 질책과 지적을 당하거나 무수히 많은 지시와 명령을 받으면 능동적으로 행동하려는 사고를 점점 상실하고 질책과 지적을 받지 않기 위해 행동하는 데 급급하게 된다. 심리적으로 불안해져서 스트레스로 이어지지 않도록 방어기제가 발현되는 것이다. 실제로 일상생활 속에서도 부모나 남편 혹은 아내에게 지속적으로 지적을 받으면 위축되고 행동의 자율성이 떨어진다. 즉 일상적인 경우와 마찬가지로 칭찬보다 질책과 지적이 빈번하게 나타나는 상하관계, 그리고 지시와 명령이 지속적으로 이어지는 조직에서는 초기에 능동적으로 자신의 역할을 수행하려고 했던 직원들조차 버티지 못하고 조직을 떠나게 되는 것이다.

이러한 명령 및 지시, 질책이 상하관계의 조직 틀에서 빈번히 발생할 경우 직원들의 능동성을 죽인다는 문제의식에 근거해서 본질적인 문제를 타개하고자 나온 것이 바로 홀라크라시이다. 실제로 로버트슨은 홀라크라시를 도입하는 기업들이 생산성 향상과 함께 직원들이 능력을 발휘해 두드러지는 성과를 올리는 이유로, 불합리한 명령이나 상하관계로부터 해방되어 스트레스가 경감되기 때문이라고 설명하고 있다. 특히 의사결정을 개개인에게 맡김으로써 직원 스스로 업무에 대한 책임감을 갖게 되고, 주체성도 높아지는 부분이 큰 의미를 가진다고 한다.

물론 홀라크라시의 이러한 효과에 대해 이견을 제시하는 주장들도 있다. 종업원들을 관리 및 감독하는 인사관리 부문이 없다면, 만약 직원이 맡은 역할을 수행하지 않아 문제가 생겼을 때 어떻게 대처할 수 있는가 하는 반론이다. 즉 조직 내 구성원의 능농성을 너무 과대평가하는 경우 발생할 리스크를 고려해야 한다는 것이다. 특히 대기업에서 능동성과 주체성을 발휘한다는 것은 효과보다 리스크가 더 크다는 점을 고려하면, 홀라크라시의 도입은 상상하기 어렵다.

홀라크라시에 대한 이러한 비판적 의견은 충분히 공감이 간다. 하지만 여기서 주목할 것은, 이러한 의견들이 제4차 산업혁명 이후의 기업 형태를 상상하고 내린 문제 제기가 아니라 그 이전, 즉 지금 우리가 생각하는 일반적인 기업 조직의 형태를 염두에 둔 지적이라는 사실이다.

바꾸어 말하면, 빅데이터에 의해 수집된 수많은 정보와 인공지능 분석으로 도출되는 기업 경영의 가이드라인이 과학적으로 제시되는 상황에서 홀라크라시에 대한 기존의 지적들은 조직 구성원의 능동적이고 과학적인 셀프 관리의 실현 가능성에 관한 부분이 반영되지 않았다고 볼 수 있다. 이 경우를 홀라크라시를 실천하고 있는 기업 사례를 통해 구체적으로 살펴보자.

보스가 없어도 성공한다
자포스

2009년 아마존의 간절한 구애 끝에 합병된 자포스Zappos는 홀라크라시를 활용해 경영혁명을 이룬 가장 성공적인 기업으로 알려져 있다. 미국 네바다주 헨더슨에 본사를 둔 자포스는 신발을 중심으로 한 EC 사이트(웹 통판 사이트)를 운영하고 있는 회사이다. 2010년에는 『포춘』이 선정한 '가장 일하기 좋은 100대 기업' 중 15위를 차지했다. 물론 15위라는 순위를 보고 그렇게 성과가 탁월하다고 할 수 있냐라는 의구심을 품을 수 있다. 하지만 자포스 정도 규모의 기업이 100대 기업에 포함되었다는 사실은 결코 무시할 수 없는 성과임에 분명하다.

먼저 자포스라는 회사가 어떻게 홀라크라시 제도를 도입하게 되었는지 그 배경에 대해 알아보자. 자포스는 대만에서 미국으로 이민 온 부모에게서 태어난 토니 셰이Tony Hsieh가 경영을 맡으면서 홀라크라시 시스템을 본격적으로 도입했다. 셰이는 원래 하버드 대학교를 졸업한 후 오라클에서 일하던 중에 동료와 함께 인터넷 광고 네트워크 회사인 링크익스체인지LinkExchange를 창업한 기업가였다.

셰이는 그 후 자신의 회사를 마이크로소프트에 2억 6,500만 달러(약 2,920억 원)에 매각함으로써 24세의 나이에 엄청난 부를 얻었다. 그리고 그 자산을 바탕으로 셰이는 벤처기업을 중심으로 투자하는 투자자로 변신했고, 자포스의 창업자였던 닉 스윈먼Nick Swinmurn을 만나 자포스의 투자에 참여했다.

그런데 셰이가 투자를 결정한 후 얼마 지나지 않아 자포스의 경영이 어려워졌고, 셰이는 CEO로서 경영을 맡게 되었다. 그가 조직개혁을 위해 가장 먼저 도입한 것이 홀라크라시 시스템이었고, 그것이

75퍼센트가 재구매자일 정도로 고객들의 사랑을 받는 기업으로 도약하는 토대가 되었다. 그렇다면 홀라크라시 시스템은 자포스 내부에서 어떻게 자리 잡고 있는 것일까?

구체적인 내용을 살펴보기 위해서는 자포스 성장의 핵심 부문이며, 홀라크라시 시스템이 가장 잘 실현된 부서인 콜센터에 주목할 필요가 있다. 실제로 회사를 방문해보면 자포스의 콜센터는 사내에서 가장 중심 공간을 차지하고 있다. 일반적으로 콜센터는 고객과 직접적으로 소통하는 부서이자, 고객이 회사에 대한 이미지를 형성하는 창구 역할을 한다. 그 때문에 셰이는 콜센터에 가장 많은 관심을 기울였고, 홀라크라시를 바탕으로 직원들로 하여금 고객에게 서비스를 제공하도록 했다.

그러던 어느 날, 다른 회사에서는 보기 드문 일이 발생했다. 즉 자포스 역사상 가장 긴 고객과의 통화로 남아 있는 7시간 30분 상담이 이루어진 것이다. 1일 업무 시간이 8시간이라고 했을 때, 그 콜센터 직원은 하루의 대부분을 한 고객과 계속 이야기했던 것이다. 일반적인 기업이라면 그렇게 장시간 동안 고객과 대화한다는 것은 업무의 효율성을 저해하는 일로 치부되었을 테고, 그 직원은 업무 처리의 미숙함을 이유로 불이익을 받았을 것이다.

하지만 자포스는 홀라크라시의 시스템에 입각해 직원 개개인의 판단을 존중했다. 그래서 고객 대응 매뉴얼도 만들지 않았다. 그러다보니 직원 개개인의 책임과 능동적 판단에 따른 서비스를 제공할 수밖에 없었고, 직원의 판단에 따라 7시간 30분이 넘는 고객과의 대화가 이루어지는 것이 가능했다. 그리고 장시간 대화를 가진 고객은 자포스의 서비스에 감동을 받았다. 이러한 서비스는 입소문을 타기 시작했고, 곧 '자포스의 서비스는 다른 회사와 차원이 다르다'라는 소문이 인터넷상에서 확산되었으며, 고객의 충성도를 향상시키는 계기가 되었다.

자포스는 매뉴얼을 통한 지휘, 감독, 관리가 반드시 필요하다고 여기는 콜센터조차 직원들 스스로의 판단에 따른 업무 수행을 추진하도록 함으로써 '고객 중심의 서비스 제공'이라는 기업가치를 실현한 것이다. 즉 셀프 관리의 구조하에서 직원들은 능동적·자율적으로 판단하고 행동하는 것이다.

1,500명이 넘는 직원을 가진 자포스가 이와 같이 홀라크라시 시스템을 도입하는 데 성공한 것은 홀라크라시 시스템이 더 이상 작은 중소기업에서만 실현 가능한 제도가 아닐 수도 있음을 시사해준다. 조직의 각 구성원이 자신의 역할에 대한 책임과 권한을 가지고 셀프 관리를 실천하면 조직의 규모가 큰 경우에도 얼마든지 활용할 수 있다는 것이다.

종래의 일반적인 기업 조직에서는 부장, 대리 같은 직원의 소속과 직함이 중요하지만, 홀라크라시를 도입한 자포스는 역할별로 구성원의 존재 의의를 나타낸다. 따라서 부서의 구분이 없으며, 역할을 기준으로 구성된 서클의 형태를 띠고 있다. 그리고 각 서클은 업무에 따라 유동적으로 편성되며, 거기에는 일반적으로 '매니저'로 불리는 관리자가 없는 대신 '리드링크Lead Link'라는 생소한 이름의 역할을 맡은 사람이 배치되어 있다. 리드링크는 서클의 목적 수행을 위해 우선순위를 결정하고 전략을 제안하기도 하지만, 서클 구성원에게 지시하거나 감독할 권한은 가지고 있지 않다. 즉 서클에 속해 있는 구성원 개개인의 일을 관리할 뿐 사람을 관리하지는 않는다. 따라서 서클의 구성원들은 모두 평등하게 발언권을 갖고 각자의 업무를 추진하며, 리드링크는 서클의 구성원들이 추진한 업무를 종합하고 정리하는 역할을 수행한다.

그런데 아무리 훌륭한 조직이라고 하더라도 그곳에 적합하지 않은 사람들은 있기 마련이다. 자포스에도 물론 그런 직원이 존재한다. 이 경우 자포스는 직원들의 합의하에 그 직원을 일단 '비치The Beach'로 보낸다. 그에게 주어진 '역할'이 적합한지 혹은 자신이 그 업무를 수행할 능력이나 자질이 있는지, 아니면 다른 어떤 문제가 있는지를 직원 스스로 판단하게 하고, 자신에게 맞는 역할을 찾을 수 있는 상담 시간을 가지도록 한다. 비치로 불리는 숙려 기간 동안 직원들은 워크숍에 참가하거나 성격 진단 테스트를 받으면서, 자포스 내에서 '자신이 있어야 할 곳'을 찾아간다.

일반적으로 일본 기업의 경우, 직원들이 스스로 물러나도록 하기 위해 책상과 의자만 주고 아무런 업무를 제공하지 않는 '마도기와(창가)족' 같은 비신사적인 방법을 택하곤 한다. 자포스는 그러한 비신사적인 방법 대신 비치에서 직원들이 짧게는 2주, 길게는 3개월 동안 카운슬러와 상담하면서 사내에서 적절한 역할을 찾아가도록 유도한다. 물론 이 기간 동안 자포스의 경영자는 직원에게 적합해 보이는 업무가 있더라도 강요하지 않고 직원 스스로 자기에게 맞는 업무를 찾을 때까지 시간을 두고 기다린다. 이러한 기다림은 업무의 효율성과 비용 면에서 낭비로 보이기도 하지만, 비치에서의 시간은 직원에게 스스로 납득할 수 있는 결론을 내릴 기회를 제공함으로써 능동적으로 다음 행동을 취하게 한다.

그런데 이처럼 홀라크라시를 도입한 후 순조롭게 성장한 자포스에도 지속적으로 고민해온 문제가 한 가지 있다. 그것은 바로 인사평가 문제이다. 실제로 자포스에서 '보스'라는 직책은 존재하지 않지만, 급여 등을 결정하는 데 있어서는 인사평가가 이루어진다.

매니저같이 평가를 담당하는 존재 없이 그것을 추진해나가는 과정에서 문제가 발생하기도 한다. 직원들 모두의 합의에 의한 평가가 이루어져야 하는데, 직원 수가 1,500명 이상 되다보니 전원 합의는 힘들고, 서클별로 추진되는 평가의 경우 직원들이 업무상 형성된 인간관계 때문에 부정적인 평가를 내리는 데 주저하게 된 것이다. 그

나마 다행인 것은 자포스의 기업문화 특징 중 하나인 겸손함 때문인지, 직원 대부분은 객관적인 자기평가를 내놓기 때문에 서로 상대방을 공격해 서클의 갈등을 초래하는 문제가 없다는 점이다.

그뿐만 아니라 급여와 같은 평가 부문에서도 셀프 관리가 이루어져 조직의 갈등을 억제하는 요인으로 작용했다. 바로 이러한 평가의 셀프 관리 시스템이야말로 홀라크라시에 대한 비판적 의견을 반박할 수 있는 근거가 된다.

최근 자포스는 아마존닷컴에 인수된 후 빅데이터와 인공지능의 개발이 두드러지면서, 이를 유통관리 시스템뿐 아니라 인사관리 시스템에도 도입하려는 움직임을 보이고 있다. 다만 아직은 직원들의 셀프 관리에 근거한 평가가 주 기능을 하고 있는 상태이고, 직원들의 주체적인 판단을 신뢰하는 것이 자포스의 창업 이후 일관된 기업문화라는 점에서 다소 아날로그적인 요소로 보이기도 하지만, 직원들의 마음과 생각을 존중하는 인사관리가 그대로 진행될 것으로 보인다.

자포스의 사례를 종합해보면 한 가지 의문이 생긴다. 토니 셰이라는 경영자의 리더십이 성공 요인을 분석하는 과정에서 전혀 드러나지 않는다는 것이다. 홀라크라시의 조직 형태하에 오로지 직원들의 능동적인 주도로 모든 것이 순조롭게 진행되고 있는 것처럼 보일 뿐이다. 그렇다면 그 이유는 무엇일까? 그것은 바로 자포스의 경영자가 직원들로 하여금 능동적이며 자율적으로 움직이되, 문제가 생겼을 때 유예 기간을 가지면서 스스로 해결책을 제시해 행동하고, 자신의 가치를 평가할 수 있게끔 유동적인 시스템을 만드는 것에 초점을 맞추었기 때문이다. 그야말로 제4차 산업혁명의 시대에 적합한 이상적인 경영자 스타일을 실천하고 있는 것이다.

물론 자포스와 같이 기업에 적합한 시스템을 발견하는 것이 난제임에는 분명하다. 하지만 그러한 난제를 해결하는 것이 바로 제4차 산업혁명의 시대에 요구되는 경영자의 경영혁명 목표Goal일 것이다.

Insight

180도 다른 발상은
새로운 도전의 기회를 준다

제4차 산업혁명이 진행되는 가운데 기업들은 기존과는 180도 다른 방식을 채용함으로써 새로운 기회를 찾고 있다. 그래야만 기업들은 소비자의 관심을 끌고 만족을 극대화하는 목표를 실현함과 동시에 다른 기업과의 차별화가 가능하기 때문이다. 그렇다면 어떤 비즈니스 모델이 기존의 사업 모델과 180도 다른 방식을 채용했음을 보여주는 것일까? 그 대표적인 예로 완전자율 주행 차량의 형태로 고객을 찾아가는 슈퍼마켓을 들 수 있다.

2017년 6월, 중국 상하이에는 세계 최초로 손님을 기다리는 슈퍼가 아니라 손님을 찾아가는 차세대 슈퍼마켓이 등장했다. '모비 마트Moby Mart'라는 이름의 이 슈퍼마켓은 스웨덴의 스타트업 기업인 휠리스Wheelys Inc와 중국의 허페이合肥 공업대학이 공동으로 개발했다. 이 슈퍼는 완전자율 운전 방식으로 각지를 돌며 영업한다. 구체적으로 말하면, 아침에는 사람들이 많이 이용하는 역 근처에서, 낮에는 회사원들이 많은 오피스 거리에서, 밤에는 축구 경기장에서라는 식으로 영업을 하며, 사람이 붐비는 장소를 찾아다니는 것이다.

그렇다면 이 슈퍼마켓의 모습은 어떨까? 매장 안을 엿보면, 직원의 모습은 찾아볼 수 없다. 그 대신 인공지능이 탑재되어 판매 보조 및 매장관리, 재고관리를 담당하는 장치가 눈에 띈다. 만약 상품의 재고가 부족한 상황이 되면, 모비 마트는 자기가 알아서 창고에 가서 재고를 보충하고 돌아와 영업을 재개한다. 이동에 필요한 연료인 전력과 공기 필터는 모두 태양열 시스템으로 공급되어 연비 부담 또한 적다.

그런데 여기서 한 가지 의문이 든다. 그렇다면 제품을 손에 든 고객들은 어떻게 대금을 지불하는가라는 점이다. 고객들은 물건을 구입할 때 스마트폰 앱의 온라인 결제 시스템을 이용한다. 그런데 고객들은 모비 마트가 어디에 있는지는 어떻게 알 수 있을까? 이 역시 앱을 통해 현재 위치를 파악할 수 있다.

하지만 이러한 모비 마트를 운행하는 데는 한 가지 과제가 남아 있다. 아직 상하이에서는 자동 운전이 허용되지 않기 때문에 운전사가 직접 운전하거나 원격조작을 통해 영업해야 한다는 것이다.

물론 현행 법규상 모비 마트가 아직 완전자율 운행을 실현하지는 못하지만, 고객을 기다리는 슈퍼가 아니라 고객을 찾아다니는 슈퍼라는 점에서 획기적인 사업 모델이라고 할 수 있다. 이렇게 슈퍼에 대한 발상을 180도 전환한 것도 의미가 있지만, 좀처럼 나들이를 할 수 없는 노인들이나 교통이 불편한 지역에서 살고 있는 사람에게 제품을 쉽게 구매할 수 있도록 하는 비즈니스 모델을 만들어 편의성을 추구하고, 사회적 문제를 해결했다는 점에서 또 다른 의의를 발견할 수 있다. 따라서 모비 마트는 슈퍼라는 공간과 서비스에 대한 일반적인 틀을 바꾸고, 전혀 다른 새로운 가치를 가진 비즈니스 모델을 완성한 것이다.

이런 점에서 보면, 제4차 산업혁명이라는 변화의 시대를 살아가는 경영자와 기업 구성원들에게 요구되는 것은 스스로가 알고 있는 상식과 잣대를 버리려고 노력하는 것이 아닐까?

경영철학으로
변화를
리드하는
CEO

지금 미디어와 정부의 각종 정책을 다루는 이슈들 가운데 제4차 산업혁명은 중요한 키워드 중 하나이다. 그러다보니 경영자들도 자의 반 타의 반으로 새로운 인터넷과 인공지능AI을 매개로 하는 제4차 산업혁명에 대해 적절한 경영 방법을 구축해야 하는 과제를 안고 있다. 실제로 과거의 경영자들은 경영자 개개인의 능력에 근거해 경영 판단을 해왔지만, 제4차 산업혁명이 진행되는 시대의 경영은 AI가 경영자를 대신해 판단하고 가이드라인을 제시하기 때문에, 경영자는 그러한 정보를 취합해 창의적인 발상으로 재탄생시키는 것이 중요하다. 따라서 이 장에서는 어떻게 하면 AI 빅데이터 분석을 바탕으로 한 과학적 경영철학을 확립할 수 있는지에 대해 살펴본다.

인공지능이 제시하는
경영철학의 가능성

제4차 산업혁명이 가져오는 변화의 과정에서 경영자들은 다소 혼란스러울 수밖에 없다. 미지의 기술 발전과 예측불허의 상태에서 발생하는 돌발적인 문제에 어떻게 대응해야 할지 아직 경험이 없기 때문이다. 인간에게 경험이 없고 어떤 일이 발생할지 모르는 것만큼 불안한 일은 없다.

그렇다고 해서 경영자들이 손을 놓고 있을 수는 없으며, 제4차 산업혁명이 파급시키는 문제에 어떻게 접근하고 대처해야 할지 그들만의 원칙과 철학을 가지고 있어야 한다. 그래야만 직원과 그 가족들의 삶을 지켜내고, 기업 또한 발전적인 방향으로 지속될 수 있기 때문이다.

그렇다면 경영자들은 미지의 불확실성으로 가득 찬 이 상황에 대처할 자신만의 방법을 어떻게 찾을 수 있을까? 먼저 초기의 산업혁명 시대로 거슬러 올라가 선대 경영자들의 모습을 돌이켜보자.

1780년대에 영국에서 시작된 초기의 산업혁명은 섬유산업의 기계화와 증기기관의 발명 및 보급이 진행되면서 대량생산의 시대를 열었다. 특히 섬유산업은 철강업, 금속가공과 달리 초기에 대규모 투자 자본을 필요로 하지 않는 만큼 당시 수공업 위주의 시스템을 가진 많은 기업이 참여하기 쉬운 사업으로 여겨졌고, 실제로 여러 기업이 참여했다.

그런데 이 상황에서 아이러니하게도 수익을 낸 것은 섬유산업 분야에 참여한 기업이 아니라, 그들에게 섬유제조 기계를 판매하고 수리를 담당한 업체들이었다. 즉 섬유산업 그 자체가 수익 창출의 모델이 아니라, 대량생산 시스템을 배후에서 지탱해주는 기계를 제조 및 수리하는 기업이 새로운 성장 산업으로 등장한 것이다.

실제로 1810년 약 1,000명의 직원을 두고 대형 방직공장을 경영하고 있던 제임스 마코넬James M'Connel과 존 케네디John Kennedy는 기존의 도제식이던 섬유산업에서 산업혁명 이후 방직기가 상당수의 노동력을 대체하는 상황을 보고 방직기계의 제조 및 수리 사업에 뛰어들었다. 즉 그들은 다른 경영자들처럼 산업혁명이라는 변화의 과정에서 보급이 확대된 방직기계를 구입해 대량생산 시스템으로 공장을 바꾼 것이 아니라, 오히려 대량생산의 동력인 기계의 가치에 관심을 가졌던 것이다. 그 결과 그들만의 전문성과 차별성을 확보할 수 있었고, 이는 산업혁명 과정에서 다른 기업보다 한 발 앞서 경쟁우위에 설 수 있는 기반을 잡는 계기가 되었다.

이 사례처럼 초기의 산업혁명 이후 지속적으로 일어난 변화 속에서 현명한 경영자는 전문성과 차별화 전략으로 새로운 비즈니스 모델을 창출한 사람들이었다. 그런데 여기서 주목할 것은 산업혁명이라는 변화의 시대에 성공적으로 대처한 이들은 변화를 추종하는 경영철학을 가진 것도 아니었고, 변화를 리드하는 경영철학을 가진 것도 아니었다는 점이다. 단지 변화에 대해 냉철한 외부자로서의 관점을 유지했다.

그렇다면 여기서 한 가지 의문이 생긴다. 자신만의 비즈니스 모델을 확립하지 못하고 남들이 다 하는 비즈니스를 따라가는 경영, 즉 변화를 추종하는 경영철학에 대한 문제 제기는 이해되지만 왜 변화를 리드하는 경영철학이 문제가 되는 것일까?

그 이유는 변화를 리드하는 경영철학을 따를 경우 수익 모델을 창출하는 적절한 타이밍을 맞추기 어렵고, 동시에 새로운 시도에 대한 과잉투자로 큰 손실을 안을 위험성이 있기 때문이다. 따라서 변화의 시기에 가장 현명한 대처 방법은 변화에 대해 냉철한 제3자적인 시점에 근거한 경영철학을 확립하는 것이라고 할 수 있다.

하지만 지금의 제4차 산업혁명은 이전의 산업혁명과는 다른 점이 있다. 그것은 시대에 적합한 경영철학을 가진 경영자의 존재 유무가 아니라, 경영자로 하여금 올바른 판단을 할 수 있도록 방향을 제시해주는 인공지능AI 시스템을 구축하고 있는지 혹은 활용하고 있는지의 유무가 중요하다는 점이다. 즉 자신의 기업에 맞는 AI 시스템을 갖추고 활용하는 것은 여러 변수가 발생했을 때 경영철학의 원칙에 입각한 판단을 내리도록 하는 중요한 근거가 된다.

실제로 AI가 제시하는 데이터에 따라 판단하는 경영자는 자신의 경영철학에 대한 강한 믿음으로 인해 무모하게 독주를 하면서 저지를지 모르는 실수를 예방할 수 있다. 그래서인지 오늘날 많은 기업이 빅데이터 분석에 근거해 경영철학을 제시하는 AI 시스템을 구축하려는 움직임을 보이고 있다. 한 예로 일본의 히타치제작소日立製作所에서 추진 중인 AI는 경영자의 판단을 넘어 기업 경영철학의 틀을 마련하는 과정에까지 그 역할을 확대하는 데 초점을 맞추고 있다. 어떤 한 가지 주제를 선정해서 AI에게 입력하면 1,000만 건이 넘는 빅데이터를 분석해 약 80초 만에 답변을 제시한다. 이 답변에는 주제에 대한 찬성과 반대 의견뿐만 아니라, 그 답에 대한 논리적 근거까지 포함된다.

그런데 AI가 경영자에게 경영철학을 제시하지만, 시스템에 그 경영철학을 프로그램화하는 것 또한 사람이다. 결국 기업들이 자사에 적합한 AI를 만들 것인지 아닌지를 결정하고, 그 방법을 찾는 것부터가 어쩌면 오늘날 경영자가 갖추어야 할 새로운 경영철학의 스타트라인이라고 볼 수 있다.

그렇다면 기업은 AI에게 판단과 방향을 제시하는 축이 되는 경영철학을 내포시키는 과정에서 무엇에 중점을 두어야 할까?

첫째, 경영철학의 가장 중요한 역할 중 하나가 기업의 철학적 가치의 '계승'에 있다는 점에 주목해야 한다. 즉 기업이 오랜 기간 계승해온 원칙을 AI에 확실히 정착시키는 것이 중요하다. 또한 빅데이터의 분석에서도 이러한 원칙에 근거한 분석이 이루어지도록 해야 한다.

둘째, AI에 내재시킬 원칙들 중에는 반드시 도덕적이고 윤리적인 원칙이 포함되어야 하고, 빅데이터의 분석에 근거해 AI가 판단을 내릴 경우 그 도덕적·윤리적 기준을 따르도록 설계해야 한다. 과거 금융공학이라는 기술을 도덕적 판단의 기준 없이 추진하는 가운데 서브프라임 사태가 발생했고, 이는 곧 미국의 금융위기로 이어졌다. 따라서 AI가 빅데이터를 분석하고, 판단하고, 방향을 제시할 때도 도덕적 기준이 바탕이 되어야 한다.

셋째, AI가 어떤 판단을 내리기 위해 하는 수많은 질문에 다음을 반드시 추가해야 한다. '일이란 무엇인가?', '회사란 무엇인가?', '매출이란 무엇인가?', '평가란 무엇인가?', '고객이란 무엇인가?' 즉 기업이 존재하는 의미를 자문하는 과정 속에서 빅데이터 분석에 근거한 종합적인 판단이 이루어지도록 해야 한다는 것이다.

실제로 이러한 기업의 존재 가치에 대한 질문들을 성공한 경영자로 불리는 마쓰시타 고노스케와 혼다 소이치로本田宗一郎는 자신에게 일상적으로 던져왔다고 한다. 따라서 AI가 이들 위대한 경영자를 대신해 앞서의 질문들을 스스로 수행할 수 있도록 시스템을 구축해두는 것이 필요하다.

넷째, AI가 경영철학의 방향을 제시함에 있어서 보다 구체적이고 직원들의 공감을 얻을 만한 언어들을 선택할 수 있도록 하는 시스템의 구축이 필요하다. 앞서 소개한 히타치제작소의 경우를 보더라도, AI가 경영철학을 제시하는 것을 실용화하는 데는 2~3년이 더 필요하다고 한다. 그 이유 가운데 중요한 것이 바로 언어적인 문제이다. 현재 히타치제작소의 AI는 데이터의 입력과 방향을 제시하는 결과가 전부 영어로 되어 있기 때문에 일본어를 사용하는 형태로 전환하기까지 상당한 시간이 필요하다. 바꾸어 말하면 히타치의 직원들이 공감할 수 있는 언어로 경영철학이 형성되고, 그에 맞는 판단이 이루어지는 환경을 조성하는 것이 필요하다는 뜻이다.

다섯째, AI 시스템에 내재되는 경영철학은 항상 다른 경쟁자들과 차별화되고, 보다 전문적인 기술혁신을 도모하며, 이를 전제로 판단을 이끌어낼 수 있어야 한다. 히타치제작소의 경우를 보더라도 역시 기술혁신을 통해 경영철학을 AI에 내재시키고 있다.

여섯째, 사회공헌을 지향하는 경영철학을 AI 시스템에 내재해두는 것이 필요하다. 과거 세 차례의 산업혁명 과정을 거치면서 기업들의 사회공헌에 대한 의식은 지속적으로 향상되어왔다. 일본 나가사키현에 있는 테마파크인 하우스텐보스는 '세계인들에게 기쁨과 감동을 제공하고, 새로운 관광도시를 창조한다'라는 경영철학에 근거해 형성한 AI 시스템을 시설 내 레스토랑에서 접객, 조리 및 서비스를 담당하는 로봇에 탑재하고 있다.

위에서 기술한 AI에 내재시켜야 할 여섯 가지 경영철학의 요건을 보다 더 의미 있는 것으로 만들기 위해서는 AI가 경영철학의 판단에 근거해 방향을 제시했을 때 이 제안이 받아들여질 수 있는 결론인지, 아니면 다시 한번 검토해야 할 대상인지를 경영자 혹은 기업 구성원들이 냉철하게 판단하고, 그것에 대한 검증을 진행할 수 있는 환경을 마련하는 것이 필요하다. 그리고 경영철학에 근거한 AI의 판단이 이루어지는지 체크하는 일에는 경영자를 포함한 기업 구성원 모두가 능동적으로 참여해야 한다. 특히 오늘날처럼 경영철학을 AI 시스템에 구축해나가고 있는 과도기적인 상황에서는 더욱 이러한 점검 기능이 수반되어야 하며, 그것은 기업 구성원 모두의 역할이 될 것이다.

과학적 경영철학의
시대

과거의 경영자들에게 철학이란 객관적이고 검증 가능한 것으로 여겨지기보다는 경영자의 주관적 사고의 표현으로 생각되는 경우가 많았다. 하지만 최근 정보과학 기술의 발달과 함께, 빅데이터 분석을 통해 AI가 경영철학을 제시하는 등 다양한 과학적 방법이 동원되어 경영자에게 영향을 끼치고 있다.

그러다보니 오늘날 기업의 경영자와 구성원들의 자기 주관에 근거한 언술들이 공감을 얻기 힘든 상황이 벌어지곤 한다. 한편으로, 경영자들의 경험치에 근거한 말들이 그 자체로 의미를 가지기보다 과학적인 검증을 요구받는 세상이 된 것이 다소 아쉽기도 하다. 경영자의 말에 담겨진 감동이 다소 희석되는 느낌이 들기 때문이다.

하지만 철학의 과학화라는 시대의 흐름을 막을 수는 없는 듯하다.

그렇다면 오히려 경영철학에 경영자의 경험치와 감동을 과학화하려고 적극적으로 노력하는 것이 어떨까? 물론 쉽지 않을 것이다. 그럼에도 불구하고 현재 경영철학을 과학적으로 분석해서 활용하려는 움직임을 보이는 기업들이 증가하고 있다. 이 기업들이 추구하는 경영철학의 과학화란 과연 무모한 도전일까, 아니면 혁신일까? 이 부분에 대해 구체적으로 살펴보자.

공동창조의 경영철학을 실현하다
레노버

제4차 산업혁명이 시작된 후 인터넷이 진화하고 모든 사회의 구성원들이 자의 반 타의 반으로 연결되기 시작하면서 가치사슬 및 현장 운영, 서비스의 형태, 사람들의 관계 등이 급속하게 변모하고 있다. 그러한 변화 속에서 기업 또한 산업구조 및 사업구조를 바꿀 수밖에 없는 상황에 놓여 있다. 이러한 과정에서 제4차 산업혁명 시대를 극복하는 방안으로 주목받고 있는 경영철학이 '공동창조 Co-creation'이다. 여기서 말하는 공동창조란 기업이 다양한 이해관계자와 협력해 새로운 가치를 함께 창조하는 것을 뜻한다. 그리고 이러한 공동창조를 경영철학으로 삼아 제4차 산업혁명 시대의 변화에 대응하려는 기업의 대표주자 중 하나가 레노버Lenovo이다.

레노버는 중국 최대의 다국적 민영기업으로 스마트폰, 노트북 컴퓨터, 프로젝터, 데스크톱 컴퓨터, 워크스테이션, 서버, 스토리지 드라이브, IT 관리 소프트웨어 및 관련 서비스 등 다양한 제품을 제조하거나 판매하고 있으며, 전 세계에 6만 명의 직원이 근무하고 있는 글로벌 기업이다. 특히 혁신적인 개인용, 기업용 기술을 제공하는 데 업계의 선두주자로 불리며, 태블릿 PC 부문에서는 세계 시장 점유율 3위를 차지하고 있다.

레노버가 이처럼 사업을 확대하고 시장 점유율을 늘릴 수 있었던 것은 M&A와 기업 간 협업에 의해 이루어낸 성과 덕분이다. 레노버는 2005년 IBM의 PC사업 부문을 인수한 것을 시작으로, 2011년에는 독일 가전업체인 메디온과 일본 NEC의 PC사업을, 2014년에는 모토로라의 휴대폰 사업과 IBM 서버 사업을 인수했다. 업계에서 대기업의 주요 사업 부문을 인수해 단기간에 시장을 확대해나간 것이다.

하지만 레노버의 성공은 단순히 다양한 사업 부문을 인수합병해 규모를 확대한 것 때문이 아니라, 철저한 '퍼스널 컴퓨팅의 대중화'라는 경영철학 아래 그 작업들을 추진한 덕분이다. 그리고 그 성장 과정에서 아시아와 유럽 등 다양한 문화적 배경을 가진 직원들이 함께 일하게 되었고, 그러한 다양성이 레노버를 글로벌 기업으로 자리 잡게 하는 원동력이 되었다.

이러한 레노버가 지금 특히 주목을 받는 이유는, 제4차 산업혁명이 진행되면서 한계에 부딪힌 것으로 평가되는 PC사업 부문을 재생하려는 움직임을 보이고 있기 때문이다. PC 보급률이 이미 정점에 달했고, PC를 대체한 스마트폰이나 태블릿이 확대됨에 따라 PC사업은 이제 한계에 직면했다는 것이 일반적인 의견이다. 그러나 레노버는 이러한 PC사업 한계론에 반론을 제기하며, 오히려 레노버가 앞으로 나아가야 할 방향은 PC사업 부문이라고 주장했다. 왜일까? 그 이유를 구체적으로 살펴보기 위해, 먼저 기술의 발전 과정을 들여다보자.

역사적으로 기술의 발전 과정에서 우리 생활은 과거에 비해 항상 편리해졌다. 하지만 사람들은 여전히 현재의 모습에 불편함을 느끼며, 지금보다 더 편리해지기를 바란다. 그런데 PC 관련 전문가들의 지적과는 달리 PC 이용자로서의 대중은 현재의 PC를 대체할 전혀 새로운 형태의 기기를 원하기보다는 여전히 지금의 PC를 보다 더 편안하고 유익하게 사용할 수 있게 되기를 희망한다. 즉 현재 진행되고 있는 사업들 중 한계에 도달했다는 지적이 있다면, 그것은 사람들이 기술의 한계를 스스로 정해두고 극복하지 않으려고 하는 의지의 표출일 뿐이며, 실제로 그 사업이 한계에 달했다고 정의할 절대적인 근거는 없다. 오히려 무한한 성장의 씨앗이 있음에도 불구하고 그것을 제대로 파악하지 못하고 있을 뿐이다.

제4차 산업혁명으로 많은 부문이 AI로 대체되면서, 사람들은 지금 진행되고 있는 적지 않은 사업이 곧 한계에 달할 것이라고 일방적으로 정의 내리곤 한다. 그러나 이것은 자신의 기업 안에서만 할 수 있는 사업, 그리고 현재 능력이 이 정도 될 것이라는 자기 규제에 근거해 스스로 규정한 한계이다. 레노버는 이러한 자발적 한계론에 반기를 들고 기업이라는 틀, 지역이라는 공간의 한계 등에서 벗어나 자유롭고 다양한 구성원의 협력에 의한 공동창조의 중요성을 역설하기 시작했다.

레노버는 제4차 산업혁명으로 모든 조직, 모든 사람, 모든 사업이 서로 연결되는 상황에서 기업이 연결을 스스로 차단한 채 자신들의 조직이라는 틀 안에서만 사고하고 사업을 추진한다면, 그것 자체가 성장할 무한 가능성을 죽이는 결과로 이어질 것이라고 판단했다. 제4차 산업혁명이라는 새로운 변화의 힘을 빌려 회사라는 조직의 테두리를 넘어서 새로운 솔루션을 창출하기 위해 다양한 연결고리를 활용한 공동창조를 실현하고, 그 과정에서 지속적인 발전 모델을 찾아가는 것이 중요하다고 보았다.

레노버는 공동창조라는 경영철학을 현실화하기 위해 일본 가마쿠라시의 유이가하마에서 매년 '레노버하우스'라는 프로젝트를 진행하고 있다. 이 프로젝트에서는 외국인 관광객을 위한 마케팅 기반을 만든다는 과제를 내걸고 가마쿠라시의 지역상인, 주민, 그리고 기업들이 참가해 공동으로 신규 사업 개발을 진행한다. 즉 다양한 배경과 일에 종사하는 사람들이 참여하는 것이 공동창조의 시작이며, 바로 그 출발점에 레노버가 서 있는 것이다.

레노버 같은 글로벌 기업의 경우, 사내에 다양한 문화적 배경을 가진 인적자원들을 활용하는 것만으로도 충분히 공동창조가 가능하다고 생각하는 경향이 있다. 하지만 레노버는 제4차 산업혁명 시대에는 아무리 직원들이 다양한 배경을 가지고 있다고 하더라도 자사의 구성원만으로는 다른 기업과의 차별화와 전문성 향상이 힘들다고 판단했다.

그래서 기업이라는 조직의 틀을 벗어나 다양한 구성원의 참여를 통한 공동창조가 이루어져야만 비로소 미지의 영역에 대한 새로운 해답을 찾을 수 있다는 취지하에, 지역을 거점으로 한 공동창조 프로젝트를 추진한 것이다. 실제로 레노버하우스에서는 앞서 언급한 PC 사업의 한계론에 대한 대안으로 그 사업의 새로운 가능성을 여는 프로젝트를 진행하고 있다.

제4차 산업혁명 시대에는 기업 혼자만의 연구개발과 전략을 수행하는 것으로는 차별화와 전문성을 강화하기가 어렵다. 레노버는 이러한 한계를 극복하는 방안으로 타 기업과의 협업을 추진해왔다. 그리고 협력을 공동창조라는 경영철학으로 정착시켜 사업을 전개해나가면서 다가올 미래를 준비하고 있다.

로봇과 인간이 함께 일하는 시대를 선도하다
ABB

어린 시절 TV나 영화에 등장했던 주인공과 친근한 로봇의 존재는 항상 동심을 자극하곤 한다. 그런데 어른이 되어 실제로 우리가 접하는 대부분의 로봇은 어린 시절 보았던 친구와 같은 그것과는 거리가 먼 중장비 기계에 가깝다. 이들 로봇은 공장의 조립라인에서 사용되고 있으며, 너무나 크고 위험한 부분도 있어 근로자 보호를 위해 안전 펜스 안에서 사람들과 떨어져 작업을 해왔다. 게다가 어린 시절 상상했던 무한한 능력을 가진 로봇이 아니라 대부분 단순 동작을 반복하는 로봇들이다.

그런데 제4차 산업혁명에서 로봇의 역할을 둘러싼 논의가 진행되면서 로봇에 대한 인식이 조금씩 바뀌고 있다. 앞으로의 로봇은 로봇이 할 일과 인간이 할 일을 분리해서 작업을 수행하는 것이 아니라, 인간과 공감하고 대화하며 함께 작업을 수행하게 될 것이다. 바로 이러한 로봇을 전력 및 자동화 분야의 세계적 기업인 스위스의 ABB에서 볼 수 있다.

ABB는 인간과 로봇의 협동이라는 경영철학을 가지고 있는 기업으로, 공장에서 로봇과 인간이 공존하며 서로 협력하고 안전하게 작업함으로써 높은 품질의 제품을 생산하고 있다. 즉 '유미YuMi'라는 이름의 조립 로봇을 통해 안전성을 바탕으로 인간과 로봇의 협동을 도모하며, 로봇에게 지배되지도 않고 지나치게 의존하지도 않는다는 원칙하에 로봇을 활용해오고 있다. ABB는 기술의 주체는 사람이며 사람의 가치, 기술자나 장인의 가치를 중시한다는 경영철학을 바탕으로 사람과 협동하는 로봇을 개발한 것이다.

그렇다면 ABB는 제4차 산업혁명을 통해 대부분의 기업이 로봇의 역할 증대와 노동비용의 효율화를 도모하는 가운데, 어떻게 인간과 로봇의 협동이라는 경영철학을 바탕으로 새로운 로봇의 개발을 추진한 것일까?

1974년 세계 최초로 마이크로프로세서 제어 전기 산업용 로봇을 세상에 내놓은 후, 현대의 로봇 혁명에 불을 지폈던 ABB는 지금까지 다양한 사업을 펼치고 있으며, 특히 산업용 로봇 분야에서 두각을 나타내고 있다. 2017년 한 해만 보더라도 전 세계에서 25만 대 이상의 로봇 설치 실적을 올리면서 명실상부한 로봇 분야 강자의 지위를 확립한 ABB는 여기서 한 걸음 더 나아가 장기적으로 고성장 시장에 중점을 두고, 로봇과의 협동을 통한 비즈니스 모델의 창출에 힘을 모으고 있다. 그 구체적인 계획은 CEO인 울리히 스피에스호퍼Ulrich Spiesshofer의 말을 빌리면 다음과 같다.

"이제 로봇이 인간과 함께 일하는 시대가 왔다. 이것은 우리의 다음 전략에서 중요한 부분이다. 로봇 유미는 사람과 로봇의 협업을 현실화했다. 이것은 장기간에 걸친 연구개발의 산물이며, 인간과 로봇의 상호작용 방식을 바꿀 것으로 기대하고 있다. 유미는 미래의 자동화 방식을 함께 만들어나가기 위한 IoT(사물인터넷) 서비스와 인재관리 전략을 담당하는 중요 요소의 하나로 자리매김할 것이다."

하지만 업계의 흐름은 ABB와 다른 방향으로 진행되고 있다. 많은 기업이 기존의 조립 기술의 가치를 폄하하고 전략적·경제적으로 새로운 솔루션에 투자를 추진하고 있는 것이다. 이에 따라 로봇 역할의 증대와 인건비의 삭감이 가능할 것으로 기대하고 있다. 실제로 한국, 중국, 미국, 일본 및 독일은 2025년까지 다양한 산업 분야에 최첨단 로봇을 도입해 생산성을 30퍼센트 향상시키고 전체 인건비를 18퍼센트 삭감한다는 계획을 발표하기도 했다.

이처럼 로봇을 통해 비용 절감과 효율성을 극대화하는 방식이 대세가 되는 가운데, ABB는 협업 로봇 유미를 통해 인간과 로봇의 협동이라는 방식에 강한 애착을 보이고 있다. 물론 그 배경에는 인간과 로봇이 함께 일하는 세상을 만들겠다는 ABB의 경영철학이 저변에 깔려 있다. 하지만 왜 ABB는 다른 기업들과 차별화된 방향으로 로봇 개발을 추진하고 있는 것일까? 그 이유를 ABB가 경영철학을 구체화해 탄생시킨 로봇 유미를 통해 살펴보자.

유미는 복수의 관절을 가진 양팔과 그리퍼Gripper의 크기가 다른 로봇에 비해 훨씬 크기 때문에 폭 넓은 장소에서 자유롭게 움직일 수 있다. 또한 유미는 ABB가 개발 단계에서 상상했던 범위를 뛰어

넘는 활용도를 보이기 때문에, 인간과의 협동이 가능한 협업 로봇에 대한 기대를 더욱 증폭시켜 준다. 하지만 로봇 유미를 잘 이해하기 위해서는 일반적인 로봇의 형태부터 살펴볼 필요가 있다. 우리가 가장 쉽게 이미지화할 수 있는 로봇은 아마도 자동차를 조립하는 로봇일 것이다. 기본적으로 우리가 생각하는 로봇의 모습을 한 그것은 사람보다 작업량이 훨씬 많고 무게가 나가는 일을 수행한다. 그리고 쉬지 않고 빠르게 움직인다. 또 작고 섬세한 작업을 수행하는 로봇의 경우는 인간의 조립 작업보다 훨씬 더 빠른 시간에 우수한 결과를 만들어낸다.

그런데 ABB는 인간의 능력 중에서도 로봇으로는 대체 불가능한 손, 눈 등의 우수한 감각기관을 활용하는 기술자의 능력과, 전혀 예측하지 못한 일이 생겼을 때 대처하는 문제해결 능력에 대해 주목했다. 그러면서 로봇 유미는 노동자가 같이 일할 수 있는 여지를 남겨둠으로써 그들의 일자리를 빼앗지 않고, 기업의 입장에서도 로봇의 개발에 과도한 투자를 추진하는 리스크를 안기보다는 인간과의 협력을 통해 적절한 기술적 타협을 이루어내고 있다.

실제로 인간과의 협동을 전제로 한 유미는 가반중량可搬重量을 최대 500그램으로 제한해 제어의 신속성과 안전성을 추구하는 데 집중하고 있다. 예를 들면 유미는 자신의 관절 사이에 근로자의 손가락이 들어가지 않도록 하고, 무언가에 닿는 순간 자동으로 정지하도록 설계되어 있어, 인간에 대한 안전성을 최우선으로 한다.

　유미가 인간과의 협동에 기반하고 있다고 해서 로봇으로서의 기술적 완성도가 떨어지는 것은 아니다. 다른 일반적인 조립 로봇처럼 생산공정에서 프로그래밍된 작업을 정확하면서도 계속적으로 반복하는 것이 아니라, 유미는 다양한 변화를 프로그래밍해 운용할 수 있도록 만들어져 있다. 즉 앞으로는 시스템의 유연성이 높고 어떻게 사람과의 협동을 자연스럽게 실현할 수 있는지가 로봇의 중요한 특징이 될 것이라는 전망하에 유미가 유연성을 가진 형태의 로봇으로 제작된 것이다.

　그러므로 유미의 경우 운영자가 로봇의 팔과 그리퍼를 원하는 위치에 놓고 버튼을 누르면, 메모리에 작업을 적절히 수행할 수 있는 자체 프로그램이 포함되어 있어 전체 시퀀스의 알고리즘을 유연하게 생성하는 것이 가능하다. 또한 필요에 따라 시퀀스의 속도를 더 빠르게 재생하는 등의 다양한 작업 역시 문제없이 수행할 수 있다.

　이러한 점에 근거한 까닭에 유미는 기존의 로봇과는 다른 특징을 가지고 있으며, 제4차 산업혁명 시대에 AI를 활용한 대표적인 로봇으로 평가받을 만하다고 본다. 오늘날 유미에 대한 기대가 점점 더 커지는 이유는, 유미를 개발한 ABB의 기술자들조차 예상하지 못한 다양한 업무에 활용할 길이 열리고 있기 때문이다. 예를 들면 인간과의 협동을 통해 업무를 수행하는 과정에서 얻는 유미의 빅데이터는 기존의 AI 로봇 자료보다 훨씬 더 다양한 형태의 알고리즘을 생성하고 분석해낸다. 그래서인지 유미는 현재 시장에서 성공적인 모델로 인기가 높고, 동시에 ABB도 업계에서 차별화된 전문성을 가진 기업으로 인정받고 있다.

제4차 산업혁명이 중요한 화두로 제기되면서 많은 기업이 AI 로봇 개발에 뛰어들었지만, 대부분 로봇의 가능성에 과도한 기대를 걸면서 인간의 역할을 축소시키는 데 집중한 나머지, 오직 인건비 삭감과 효율화에만 가치를 부여했다.

그러나 ABB는 달랐다. 인간과 로봇의 협업이라는 차별화된 가치를 추구함으로써 로봇과 인간이 생산현장에서 서로 시너지를 발휘할 수 있는 길을 모색했고, 그것이 새로운 성과를 만들어내고 있기 때문이다. 물론 이러한 ABB의 도전은 험난하고 성공 확률이 낮을지도 모른다. 하지만 ABB가 냉철한 외부자의 시선을 가지고 로봇이란 인간을 대체하는 존재가 아니라 어떤 순간에도 인간과 공존하고 협동하는 존재라는 경영철학을 그대로 기술에 반영해나간다면, 분명 사람의 가치를 존중하는 가장 이상적인 기술개발 기업으로서의 지위를 확립할 것으로 보인다.

직원들의 소망을 경영철학에 담아내다
파소나

　　기업에서 경영철학이 가장 잘 드러나는 부문 중의 하나가 인재관리이다. 특히 지금처럼 선진국을 중심으로 저출산과 고령화로 인해 노동력이 감소하고, 한편으로는 제4차 산업혁명이 진행되고 있는 상황에서 시대의 변화에 부응하는 인재란 어떤 사람인지를 기업들은 스스로의 경영철학을 기반으로 정의해둘 필요가 있다. 그런 의미에서 일본의 파소나PASONA는 미래가 요구하는 다양한 인재의 확보와 능력 개발 전략의 전제가 되는 경영철학을 갖춘 기업이다.

　　다양한 형태의 인재관리를 주요 사업으로 하는 파소나는 인재 파견 및 소개, 재취업 지원, 업무 위탁 등의 서비스를 전개하고 있다. 특히 최근에는 제4차 산업혁명이 가져오는 변화에 부응해 인재관리 회사답게 새로운 인재상에 대한 경영철학을 바탕으로 다양한 시도를 하고 있다.

　　파소나는 직원들의 라이프스타일에 따른 업무 수행을 지원하기 위해 2015년 5월부터 '링크 워크 스타일 프로젝트'를 추진하기 시작했다. 이 프로젝트는 파소나 직원들 혹은 다른 회사에 파견 나가 업무를 수행하는 계약 사원 등에 대한 지휘명령 및 근무태도 관리에 ICT를 활용함으로써 재택근무 등 유연한 근무 방식을 지원하는 것을 뜻한다. 근무 환경이 다르고 공간적으로 떨어져 있어도 직원들이 연결되어 있다는 뜻의 '링크'를 콘셉트로, 다양한 인재가 활약할 수 있는 환경의 정비와 노동생산성 향상을 지원하는 것이 근본 취지이다.

그런데 재택근무라고 하면 이미 많은 기업이 도입하고 있는 시스템인데, 왜 파소나가 주목을 받는 것일까? 실제로 파소나에 링크 워크 스타일의 도입을 자문하는 컨설팅이 급격히 증가하고 있고, 동시에 높은 기술력을 가진 인재들에게 단시간이나마 업무를 맡기고 싶다는 의뢰가 쇄도하고 있는 점을 보면, 파소나가 다른 기업들과 차별화되는 요인이 과연 무엇인지 궁금해하지 않을 수 없다. 그 점에 대해 구체적으로 살펴보자.

파소나 재택근무 지원 프로젝트의 가장 큰 차별화 요소는 단순히 직원의 이직을 막고 싶다는 회사의 입장에 초점을 맞추어 추진된 것이 아니라, 직원들 스스로 그들의 가치를 극대화하고 싶다는 바람을 경영철학에 담고 있다는 것이다. 그러한 경영철학을 현실화하는 가운데 먼저 재택근무라는 프로젝트를 추진하기 시작했고, 동시에 빅데이터 분석을 통해 시대의 변화 과정을 냉철하게 분석하는 작업을 진행하면서 그들의 경영철학이 직원들의 바람에 부응할 수 있을지를 고민했다.

그러던 중 2011년경부터 독일에서 시작된 인더스트리 4.0(제4차 산업혁명)의 물결에 주목하게 되었다. 그러면서 주변의 모든 사물이 인터넷에 연결되어 서로 정보를 교환하고, 이러한 활동을 통해 수집한 빅데이터를 관리하고 분석할 수 있게 되는 상황에서 당연히 일하는 방식과 업무 내용도 크게 변화할 것이라고 판단하기에 이르렀다. 그리고 AI와 로봇의 개발과 독특한 운용을 가능케 하는 전문성을 가진 인재에 대한 수요가 증가할 것이라고 분석했으며, 그러한 인재들을 위해 어떠한 방식으로든 업무를 수행할 수 있는 환경을 조성해주는 것이 필요하다고 결론지었다.

한편, 다른 기업과의 차별화 전략의 일환으로 다른 기업들이 AI가 대체할 수 있는 영역이 무엇인지를 고민하는 동안, 파소나는 AI가 대체할 수 없는 분야가 무엇인지를 고민하기 시작했다. 그리고 그 결과, 고도의 경영전략 수립과 상품기획, 인간에 의한 질 높은 대면 서비스를 새로운 가치 창출 분야로 파악하고, 이러한 업무를 수행할 인재관리에 집중하기로 했다. 즉 파소나는 사회구조의 변화에 맞는 인재관리와 일하는 환경의 최적화를 도모하고, 동시에 다양한 가치관을 가진 우수한 인재로부터 선택받는 조직이 됨으로써 사람의 가치를 극대화하는 경영철학을 현실화하고자 한 것이다.

제4차 산업혁명이라는 변화에 대응하기 위한 방법을 제시하기 위해서 파소나는 스스로 극복해야 하는 과제 또한 발견했다. 파소나가 발견한 세 가지 과제는 바로 시간과 거리의 벽, 조직의 벽, 문화의 벽이었다.

첫 번째, '시간과 거리의 벽'에 대해 살펴보자. 파소나가 추진하는 링크 워크 스타일은 시간과 거리의 벽을 깨는 프로젝트라고 할 수 있다. 예를 들어 인터넷 기업에 파견되어 데이터 분석 업무를 담당하고 있는 파소나의 직원들 중 한 명이 고령의 부모를 돌보기 위해 일을 그만두려고 생각했다고 가정하자. 이 직원의 상황을 파악한 회사 측에서는 주 2일 '재택 파견'을 제안해 계속 일할 수 있는 환경을 조성해줌으로써 직원의 이직을 방지한다. 즉 AI가 업무를 수행하기 어려운 직원을 대체하는 방안을 제안하거나 모색하는 것이 아니라, 어떻게 하면 가능한 부담 없이 업무를 담당할 수 있을지를 제안하는 AI를 개발하는 데 초점을 맞추고 있는 것이다.

오늘날 일본 총무성에 집계된 숫자만 보아도, 일하기를 바라지만 출산 및 육아나 간병 및 간호 등을 이유로 일하는 것 자체를 포기하는 사람이 116만 명에 달하는 상황에서, 파소나는 그들의 가치를 극대화하기 위해서는 앞으로 일하는 시간과 장소를 자유롭게 선택할 수 있는 환경을 정비하는 것이 첫 번째 벽을 넘는 것이라고 판단한 것이다.

두 번째는 '조직의 벽'이다. 파소나는 새로운 업무를 의뢰할 인재를 사내에서만 찾아 확보하는 시대는 지나갈 것이라고 판단했다. 점점 더 과열되는 글로벌 경쟁 상황에서 기업들은 사업의 재편과 새로운 프로젝트의 시작 등에 더 빠른 속도감과 높은 전문성을 가지고 대응해야 할 것이다. 오픈 이노베이션으로 대표되는 것처럼 자기 기업의 테두리를 초월해 신규 사업을 개발하고, 고도의 전문 기술을 가진 외부 인재를 등용해야 한다.

또한 파소나는 우수한 인재의 이직을 방지하기 위해 구성원의 부업도 용인하고 있다. 앞으로 주목받는 인재는 기업 내부에만 존재하지 않으며, 세상 어디든 인터넷으로 연결될 수 있는 곳에 존재하는 모든 사람을 뜻한다. 기업 외부에 있는 그런 잠재적 인재들에 대한 가치 부여가 어쩌면 더 제4차 산업혁명에 맞는 인재일지 모른다. 따라서 파소나는 사람의 가치를 재평가하고 조직의 벽을 초월한 인재, 즉 기업 내외부에 무한 가치를 가진 인재가 있다는 사실을 인지하고, 이러한 직원의 여러 가지 도전을 지원하기 위해 AI를 활용한 빅데이터 분석에 근거해 다양한 정보를 제공하고 있다.

세 번째는 '문화의 벽'이다. 기업들은 글로벌 시장에서 사업을 확장하기 위해 세계 각국에서 그 업무에 적합한 인재를 찾아내는 일에 투자를 아끼지 않는다. 하지만 그러한 인재를 확보하고 일을 맡기기 위해서는 그들로 하여금 일하고 싶게 만드는 시스템이 갖추어져 있어야 한다. 과거처럼 높은 급여나 충성심, 인맥 같은 구태의연한 방법으로 인재를 확보하려는 것은 시대착오적인 발상으로, 오늘날에는 현실성이 없기 때문이다. 따라서 파소나는 AI의 빅데이터 분석을 통해 지리적 한계를 초월하여 인재 발굴에 총력을 기울이고 있다. 그런 한편으로 일의 가치보다는 오직 보상이나 급여에만 관심이 있거나, 조직에 대한 충성심만 강해 조직에 파벌을 조성하려는 인재를 사전에 배제하는 방안도 모색 중이라고 한다.

그렇다면 파소나는 사람의 가치를 극대화하는 경영철학에 근거해 세 가지 과제를 극복하기 위해서 어떤 노력을 하고 있을까? 단적으로 말하면, 클라우드소싱 서비스인 '잡허브Job-Hub'를 통해 그러한 일을 추진하고 있다. 잡허브는 주로 디자인, 응용프로그램 개발, 빅데이터 분석 등 매우 높은 기술을 가진 인재들을 집합시켜둔 인재 뱅크 같은 공간이다.

이것은 특히 지방 거주자들 중에서 뛰어난 기술을 갖고 있지만 거주 지역에 그러한 일자리 자체가 적기 때문에 원하는 업무를 하지 못하는 사람들에게 일할 기회를 제공해준다. 실제로 최근 파소나의 직원과 클라우드 작업자가 팀을 이루어 고객 기업의 업무를 수행한 멀티소싱 사례를 보면, 고용 형태와 취업 장소에 좌우되지 않고 업무 내용에 따라 최적의 인재와 최적의 시간만 결합한다. 그 때문에 상대적으로 낮은 비용으로 고품질의 아웃소싱 서비스를 제공한다는 점에서 매우 환영받고 있다.

하지만 파소나가 이러한 프로젝트를 추진하는 것은 단순히 기업이 필요한 인재를 적은 비용으로 확보할 수 있는 효율성에 주목해서가 아니다. 근본적인 이유는 지방에서 자신의 능력을 발휘하지 못하고 있는 인재의 가치에 깊은 관심을 가졌기 때문이다. 그래서 파소나는 인재들이 업무를 직접 선택하게 하고, 그들이 거부하는 일이 있어도 불이익을 주지 않는다는 전제를 만들어두었다. 즉 사람의 가치를 가장 우선시하는 철학에 근거해 운영하고 있는 것이다.

최근 파소나는 문화의 벽을 넘어 다양한 문화적 배경을 가진 인재를 지원하는 사업에 집중하고 있다. 제4차 산업혁명이 가져온 경영혁명 중에서 다양한 가치관을 가진 인재의 확보는 필수요건이다. 따라서 해외의 우수한 학생을 초청해 일본 기업에서 인턴십을 실시하는 '파소나 국제 교류 프로그램'을 통해 다양성을 가진 인재의 지원에 공을 들이고 있다.

물론 다양한 문화적 배경을 가진 인재의 확보는 다른 많은 기업에서도 실시하고 있기 때문에, 파소나가 도대체 무엇을 하기에 특이하다고 하는지 의문을 가질 수 있다. 하지만 빅데이터와 AI를 활용한 데이터를 기반으로 개발한 프로그램에 근거해, 개발도상국의 인재들에게 선진국의 기업에서 적극적으로 경험하고 학습할 기회를 제공하고, 자국으로 돌아가 전문성을 살릴 수 있도록 지원한다는 것은 다른 기업과 차별화되는 점이다. 즉 사람의 가치와 사회의 가치, 그리고 산업의 가치를 향상시킨다는 데 의미가 있다. 바로 이것이 제4차 산업혁명 시대에 요구되는, 경영철학에 기반을 둔 프로젝트의 성과이자 의의라고 할 수 있다.

파소나가 추진한 프로젝트의 일환인 재택근무와 다양한 가치관을 가진 인재의 확보는, 그 내용 자체로는 새로울 것이 없다. 오히려 제4차 산업혁명처럼 혁신이 필요한 상황에서 너무 진부한 내용이 아닌가라는 생각마저 든다. 하지만 아무리 큰 변화가 일어난다고 하더라도 기존에 부여된 의미를 그대로 받아들이지 않고 새로이 재해석해 또 다른 철학적 의미를 발견하는 것도 필요하다. 이렇게 기존의 경영철학에 대한 재해석을 통해 변화에 대응하는 것, 그것이 우리가 찾는 새로운 가능성이자 해법이라고 할 수 있다.

경험의 통합을 이끄는
가치 발견

과거의 경험, 특히 성공 체험을 가진 기업 구성원들에게 그들의 경험치는 어떤 통계적이고 과학적인 데이터보다 스스로에게 더 큰 의미를 지닌다. 그리고 자신의 경험치를 타인에게 알리기 위해 열심히 노력한다. 하지만 때로는 그러한 노력이 지나쳐 다른 기업 구성원에게 '강제적 공감'을 요구하기도 한다. 실제로, 이러한 강제적 공감에 대한 요구 때문에 성공 체험을 가진 기업 구성원이 많으면 많을수록 기업이 나아갈 가치, 즉 철학을 체계화하기가 쉽지 않다.

하지만 일본의 사운드펀Soundfun이란 벤처기업은 베테랑 직원들의 성공 체험을 바탕으로 한 경험치를 새로운 경영철학과 가치에 대입시키는 데 성공했다. 베테랑 기술자들로 구성된 사운드펀은 '미라이스피커'라는 획기적인 제품을 개발하는 과정에서, 한 가지의 가치에 직원 모두의 경험치를 모을 수 있었던 것이다. 그 한 가지의 가치란, 바로 난청으로 힘들어하는 고령자와 사회적 약자를 위한 스피커의 개발이었다.

원래 자신의 스피커 개발 기술에 자부심을 가진 기술자들은 저마다 집착하는 부분이 있었다. 그러다보니 항상 초기에 스피커를 개발할 때마다 난항을 겪었다. 하지만 '난청으로 힘들어하는 고령자와 사회적 약자를 위한 제품 개발'을 기업의 경영철학으로 내세우면서, 베테랑 기술자들의 경험치를 통합하는 데 성공한 것이다. 즉 성공 체험을 가진 직원들의 다양한 철학을 사회적 문제를 해소하는 제품 개발이라는 가치에 통합함으로써 기업의 철학을 체계화한 것이다.

사운드펀의 사례에서 보면, 이 시대를 살아가는 기업에 필요한 것은 기업 구성원 모두 공감할 수 있는 사회적 가치가 무엇인지를 고민하고 대화하는 것이 중요하다는 사실을 깨닫게 된다. 비록 시간이 걸릴지라도….

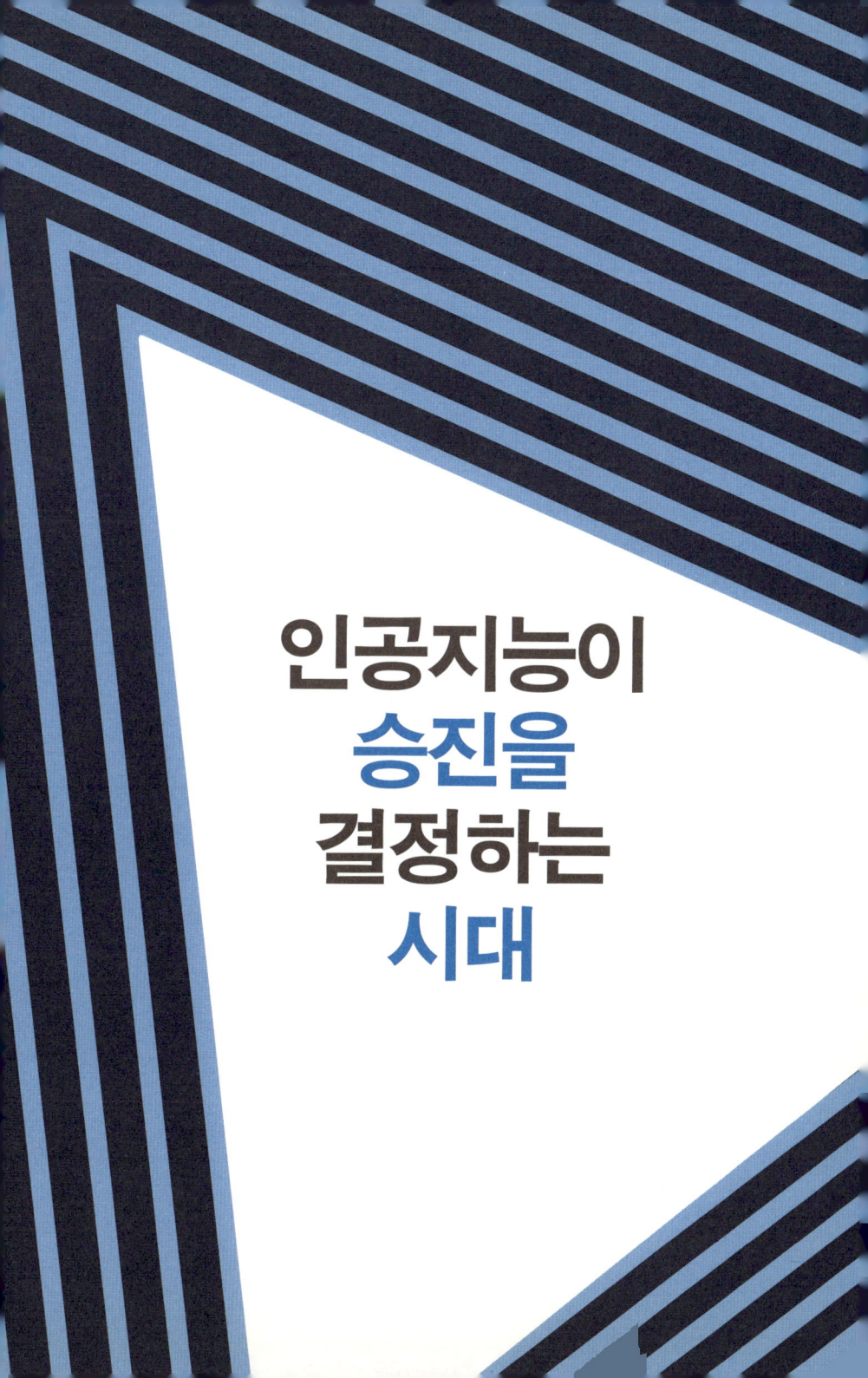

제4차 산업혁명의 과정에서 필요한 인재상으로 여겨지는 것은 지금까지 우리가 상상하지 못한 인재의 모습이라는 것은 확실하다. 그렇다면 어떤 인재상일까? 일반적으로 화자되고 있는 인재상은 인문학, 사회과학, 공학 등의 지식을 바탕으로 빅데이터의 정보를 해석하고, 스스로 그 정보를 창의적으로 활용해 기존의 틀을 깰 수 있는 능력을 가진 인재이다. 또한 제4차 산업혁명으로 기존 업무를 수행하던 시간에 비해 훨씬 높은 성과를 창출할 수 있는 작업 환경을 구축해주기 때문에 두세 개 이상의 분야에서 전문성을 가지는 것이 요구된다.

하지만 현실적으로 이러한 제4차 산업혁명 시대가 요구하는 인재를 발견하기란 쉽지 않다. 따라서 인공지능, 빅데이터, IoT를 활용해 급변하는 변화의 시대에 대응하기 위한 방법을 모색하고 있는 기업들의 노력을 살펴볼 필요가 있다. 그 전에, 앞으로 다가올 미래에 주목받는 인재가 어떤 사람인지부터 같이 고민해보자.

인공지능 면접관 시대가 왔다

　　　　　　제4차 산업혁명이 진행되는 가운데 기업들이 원하는 인재는 어떤 사람일까? 그들이 가장 자주 언급하는 인재상은 '글로벌 인재', '다양성과 창의력을 가진 인재'이다. 그런데 이것은 30여 년 전부터 기업들이 바라던 인재상의 전형적인 표현들로, 그다지 새롭게 다가오지는 않는다. 이런 상황을 고려해보면, 기업들이 아직도 제4차 산업혁명 시대에 맞는 인재상이란 구체적으로 어떤 사람인지 명확하게 파악하지 못하고 있거나, 확실한 모습을 제시하는 데 어려움을 겪고 있는 것으로 보인다.

　그렇다면 왜 기업들이 제4차 산업혁명의 과정에서 필요한 인재를 새롭게 정의하는 데 어려움을 겪고 있는 것일까? 그것은 변화하는 환경에 능동적으로 대처하기보다는 수동적으로 적응하는 형태로,

그에 적합한 인재를 확보하는 데 주력해왔기 때문이다.

글로벌 인재라는 말이 나오면, 그들 기업에 맞는 인재가 어떠해야 하는지 고민하고 정의하기보다는 일반적으로 얘기되고 있는 외국어를 잘하는 인재, 다른 문화에 대한 이해도가 높은 인재를 찾곤 했다. 또한 창의력을 가진 인재가 주목을 받는 경우에는 각종 심리조사 기법을 활용해 인재를 뽑는 것으로 위안을 삼아왔다. 즉 기업들이 어떤 시대적 변화의 흐름을 선도적으로 이끌어갈 방향을 세우고, 그 방향에 따라 능동적·창의적으로 업무를 수행하는 인재를 찾는 데까지는 여력이 미치지 못했던 것이다.

게다가 지금과 같은 제4차 산업혁명 시대에 필요한 인재상을 기업들이 구체적으로 정의하기란 더더욱 쉽지 않다. 왜냐하면 인공지능, 빅데이터, 로봇, IoT 등 인간이 지금까지 담당했던 많은 부분을 로봇과 인공지능이 대신하게 됨에 따라 앞으로 어떻게 변화할지 예측할 수 없고, 따라서 변화에 맞는 맞춤형 인재를 찾는 것 자체가 어려워지고 있기 때문이다.

글로벌 비즈니스 분야에서 활약할 인재를 찾는 기업이 있다고 가정해보자. 먼저 외국어에 능한 인재를 채용하려고 할 것이다. 그런데 오늘날 인공지능이 언어적 장벽을 해소하는 번역 기능을 수행하고 있는 상황에서, 글로벌 인재를 외국어에 능통한 사람이라고 생각하는 것은 이미 시대의 흐름에 뒤떨어진 사고라고 볼 수 있다. 즉 어떤 하나의 변화에 대응하는 데 적합한 인재를 찾는 것은 이제 더 이상 의미 없는 일이 된 것이다.

제4차 산업혁명이 요구하는 인재상이란 불확실한 변화의 과정에서 살아남을 수 있는 자기만의 노하우를 가지고, 다양한 변화를 파악하며 대응할 수 있는 힘을 가진 개인을 뜻한다고 필자는 보고 있다. 단순히 글로벌 인재라는 이름하에 외국어 능력이 뛰어나다거나 특정한 틀을 정해두고 그것에만 대응할 수 있는 사람이 아니라, 변화를 능동적으로 이끌어가면서 어떤 위기와 변수에도 살아남을 수 있는 능력을 가진 개인이 주목받을 것으로 생각된다. 따라서 정형화된 틀에 맞는 인재를 찾는 것이 아니라, 인재 개개인이 자생력을 가지고 스스로 문제해결 방법을 발견해나갈 수 있도록 하는 HR 전략의 확립이 중요한 과제로 대두되고 있다.

하지만 기업들이 변화를 이끌어가면서 살아남을 수 있는 힘을 가진 개별 인재의 필요성을 느끼고 있다고 하더라도 그러한 인재를 발견하거나 양성하는 것은 현실적으로 쉽지 않다. 그렇다면 기업들은 어떤 HR 전략을 수립해야 자생력을 가진 인재를 확보할 수 있을까?

첫째, 인재들이 일이란 무엇인가라는 근본적인 질문에 대한 답을 찾아 기업에 들어오고, 업무 수행의 가치에 대한 인식을 스스로 발견하는 것이 중요하다.

앞서 말한 것처럼 제4차 산업혁명이 진행되면서 인간이 담당했던 많은 일을 로봇과 인공지능이 대체하거나 상당 부분 협력하고 있다. 따라서 인간 스스로가 일의 주체인지, 아니면 인공지능과 로봇의 보조자 역할인지 그 구분이 애매모호해지고 있는 상황이다. 과거에는 로봇과 컴퓨터가 업무를 수행하는 데 활용되는 도구에 지나지 않았는데, 갑자기 로봇, 인공지능, IoT가 업무를 수행하는 주역으로 대두된 것이다.

한편 업무를 수행하는 주체였던 직원들이 오히려 로봇이나 인공지능 등을 보조하는 포지션으로 바뀌면서, 인재들은 무의식중에 자존감의 상실과 일에 대한 회의에 빠지게 되었다. 일의 가치에 대해 회의적인 생각을 가질 위험성이 높아진 것이다. 따라서 오늘날 인재들은 외국어, 재무회계, 전략, 영업 등 특정 분야의 기술 혹은 지식이 아니라 일의 가치에 대해 먼저 고민해볼 필요가 있다.

실제로 지금까지 우리는 '학교에서 배운 것을 살려 취직하고, 그런 후에 퇴직할 때까지 열심히 일한다'라는 선형적인linear 직업의식을 가지고 있었다. 이러한 사고는 기업들도, 인재들도 서로 공유하고 있는 것이었다. 그러나 인재들이 기업에 들어가서 일을 하다보면, 대학 때 배운 지식은 얼마 안 있어 구식이 되어버리고 지속적으로 지식을 업데이트해나가지 않으면 안 되는 상황에 놓이게 된다. 개개인이 독자적인 능력을 가지지 않으면 기업 내에서 자신의 가치를 인정받기 힘들게 되는 것이다.

그러다보니 인재들은 지식의 업데이트만으로는 변화에 적응할 수 없다는 것을 깨닫게 되며, 근본적으로 일하는 의미는 무엇이고 그러한 가치를 실현하기 위해 앞으로 어떻게 해야 할지 고민할 수밖에 없다. 그러므로 힘들게 업데이트한 지식이 한순간에 무용지물이 될 수도 있는 상황에서 자괴감과 실망감에 빠지지 않고, 그러한 현실을 새로운 도전의 기회로 받아들이며, 스스로의 가치를 재해석해나갈 수 있는 사고를 형성하는 것이 무엇보다 선행되어야 한다.

이를 위해서는 좋은 스펙을 가진 인재가 훌륭한 인재라는, 지금까지 일반적이었던 채용 기준을 바꿀 필요가 있다. 오랜 세월 동안 기업 구성원들은 '좋은 대학에 들어가 좋은 회사에 입사하면 평생 평안할 것이다'라고 생각해왔다. 그래서 항상 좋은 대학과 이름 있는 대기업에서 일하는 것이 중요한 선택의 기준이었다. "나는 왜 일을 하는가?"라는 근본적인 고민은 대학에서도, 기업에 들어와서도 생각해볼 필요가 없었던 것이다.

물론 기업에서도 일을 맡겼을 때 실패할 확률이 적다는 이유로 좋은 대학을 나오고 훌륭한 스펙을 가진 인재를 우선적으로 채용해왔다는 점이 이해되지 않는 것은 아니다. 다만 많은 후보자가 비슷한 스펙을 갖추고 지원하다보니, 채용하는 기업의 입장에서도 비슷한 인재들 가운데 필요한 사람을 정확하게 선별하는 데 중점을 두었다. 그들은 살아가면서 "나는 왜 일을 하는가?"라는 근본적이고 철학적인 질문을 던지지 않았고, 답을 얻기를 원하지 않았으며, 그럴 필요성도 느끼지 못했다. 결국 인재도 기업도 모두 실패를 줄이고 평안한 길을 찾아가는 선택을 해왔던 것이다.

둘째, 개개인이 융·복합적인 사고를 가지도록 하는 것이다. 로봇, 인공지능, 빅데이터 등이 기업의 사업 추진에 중요한 역할을 담당하는 환경 속에서 기업 구성원들이 개개인의 힘으로 살아남기 위해서는 일의 가치를 찾는 단계를 거친 다음, 특정 전공 분야에 대한 학습이 아니라 다양한 분야에 대한 복합적 사고가 필요하다.

예전처럼 재무면 재무, 마케팅이면 마케팅 한 가지 분야가 아니라, 이들 분야에 대한 전반적인 이해를 가지고 서로 융합해 다양한 문제에 대한 대안을 고민할 수 있는 힘을 기르는 것이 필요하다. 예를 들면 인문사회과학 출신의 인재들을 대상으로 코딩 교육을 시키거나, 자연과학 출신의 인재들을 대상으로 철학과 역사에 대한 학습을 하게 한다.

일본의 제어계측기기 제조업체인 아즈빌Azbil은 '학습하는 기업 조직'을 목표로 사내에 아즈빌아카데미를 설립해 성공적인 결과를 만들어내고 있다. 아즈빌아카데미는 전 사원이 스스로 필요한 과제를 설정해 지속적이고 장기적으로 학습함으로써 개개인의 성장을 이루어내도록 한다.

아즈빌의 학습문화가 독특한 것은 절대로 회사를 위해, 회사의 업무에 매칭된다는 이유로 개개인의 학습을 설계해서는 안 된다는 것이다. 회사의 이익이 아니라 철저히 개인의 이익 혹은 커리어를 위해, 또는 개인적인 관심에 따라 학습을 설계하도록 원칙을 정하고 있다. 직원들은 자연스럽게 철학에서 뇌과학에 이르기까지 다양한 장르에 대한 심화학습을 진행한다.

제4차 산업혁명 시대에 또 한 가지 중요시되는 것은 사람만이 할 수 있는 분야에 대한 집중적인 교육과 투자이다. 최근 일본 총무성이 실시한 연구조사 결과에 따르면, '업무 수행 능력'과 '기초 소양'보다 '도전의식'과 '창의력·발상력'을 인간이 주도적으로 담당해야 할 역할이라고 분석하고 있다. 로봇에게 도전의식을 부여하는 것은 힘든 일이지만, 만약 가능하다면 인간이 로봇에게 지배당하는 세상을 초래할 위험성이 있다. 따라서 로봇, 인공지능, 빅데이터, 그리고 IoT를 활용하는 것을 전제로 한 도전의식의 개발이 중요한 과제로 대두되고 있다.

그렇다면 제4차 산업혁명 시대에 맞는 도전의식이란 무엇을 말하는 것일까? 그것은 기업의 구성원들이 사내에서 '세컨드 잡 second job'을 발견하고 추진할 수 있도록 하는 일이다. 인공지능을 활용한 빅데이터 분석이 보편화되고 있는 가운데, 기업 내에서 수많은 정보를 자연스럽게 다루면서 직원들은 새로운 아이디어를 떠올리게 된다. 동시에 그렇게 떠올린 아이디어를 실현하고 싶다는 욕구를 느낀다.

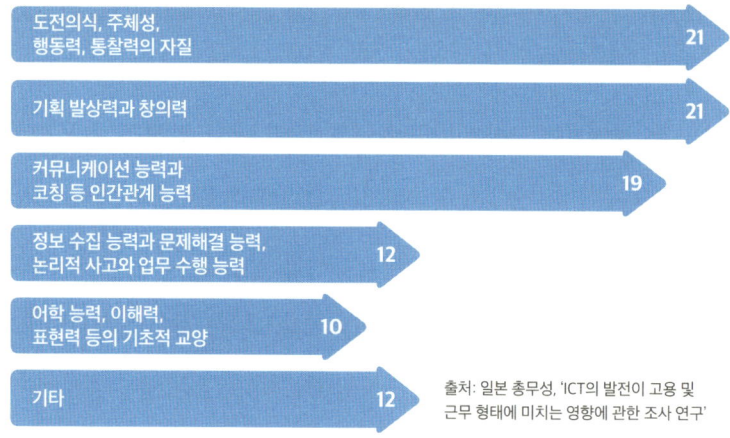

| 인공지능 시대에 요구되는 인재의 능력 |

그런 욕구를 느끼면 직원들의 고민이 시작된다. 지금 맡은 업무보다 새롭게 떠오른 아이디어가 더 가치 있고 재미있게 생각되기 때문이다. 그리고 인공지능을 통해 조금씩 빅데이터를 분석하기 시작하면서 새로운 아이디어에 대한 실현 의지는 더욱 강해진다. 그러면 결국 '직장을 그만두고 창업을 할 수밖에 없다'는 결론을 내리게 되는 것이다.

제4차 산업혁명 시대에 걸맞은 기업은 이러한 도전의식에 불타는 인재를 떠나보내지 않고, 오히려 그 아이디어를 실현할 기회와 환경을 제공해주는 것에 공을 들인다. 발상력과 도전의식을 가진 인재를 기업의 자산으로 보고, 지속적으로 활용할 수 있는 방법이기 때문이다. 과거에는 이렇게 새로운 아이디어를 토대로 회사를 떠나 도전하는 인재를 기업의 배신자로 낙인찍어 비난하던 시절도 있었다. 하지만 이제 그들은 기업에 새로운 가능성을 제시하는 인재이다. 따라서 그들을 지속적으로 활용하는 방안을 모색하는 것이 중요하다.

한편, 인재들의 도전의식을 보다 활성화하기 위해서는 그에 맞는 정서적 환경을 조성하는 것도 필요하다. 즉 제4차 산업혁명에 맞는 새로운 틀의 마인드를 가지도록 하는 것인데, 실제로 이러한 움직임은 미국 대학의 연구기관을 중심으로 나타나고 있다.

스탠퍼드 대학교에서는 최근 첨단 연구 장비를 개방해 공유하는 사업을 적극적으로 추진하고 있다. 이 사업은 특히 미국의 고등교육 시장에서 주목을 받고 있다. 제4차 산업혁명 시대에는 가치를 공유하려는 사고 없이 혼자만 성공하겠다는 마음가짐으로는 결코 원하는 것을 얻을 수 없다는 사실을 인지하기 시작했기 때문이다. 그렇다면 왜 제4차 산업혁명 시대에 개방과 공유가 중요한 사고의 축으로 자리 잡게 된 것일까?

과거 기업에 있어서 정보, 전략, 인재와 같은 요인들은 라이벌 기업보다 한 발 앞서 경쟁우위를 점할 수 있는 중요한 무기였고, 반드시 외부의 노출로부터 지켜야 할 대외비적인 것이었다. 내부의 성장 요인을 개방의 대상이 아니라 감추어야 할 비밀스러운 것으로 여겼다. 다행히 마이클 포터Michael E. Porter의 '공유가치 창출CSV'과 같은 개념이 확장되면서 기업이 사회공헌적인 측면에서 개방과 공유의 사고를 도입하기 시작했지만, 여전히 경쟁우위를 확보하기 위해서는 사내의 많은 부분을 감추려고 하는 경향이 강했다.

그런데 이러한 기업의 태생적인 자기방어 기질이 제4차 산업혁명을 거치면서 서서히 바뀌기 시작했다. 인공지능이 스스로 심화학습을 하고 수많은 빅데이터를 분석하는 상황에서, 폐쇄적인 사고로 기업의 정보를 독점하려는 노력이 오히려 해가 된다는 인식의 공감대가 형성되었기 때문이다. 서로 협력해 데이터를 공유하고 나누다보면 방대한 양에 대한 분석이 이루어질 수 있고, 보다 의미 있는 결과를 도출해낼 가능성이 커진다.

그뿐만 아니라 인재 활용 면에서도 개방과 공유는 중요한 의미가 있다. 기업 간의 협력을 위해 그들의 활동 무대를 공유해 자유롭게 소통하고 활동할 수 있도록 하면, 유능한 인재에게 보다 많은 활약의 무대를 제공할 수 있다. 즉 인재 개개인에게는 성장의 기회를, 기업으로서는 우수한 인재를 공유하는 이점이 생긴다.

일본의 대기업인 히타치는 '글로벌 인재본부'를 신설해 국내외의 모든 자회사 900여 개의 직원 약 36만 명을 대상으로 빅데이터를 구축했다. 그들이 속한 부서 및 직위, 자격 등의 인사 정보를 일원적으로 관리하면서 이들 정보를 사내의 직원들이 공유하도록 함으로써 수많은 팀이 자발적으로 형성되기 시작했고, 실제로 경영 성과로 이어졌다. 물론 이것은 아직 기업 내부에서 이루어지는 일이지만, 장기적으로 보면 인재 공유 모델의 새로운 도전 가능성을 제시해준다.

개방과 공유라는 정서적 환경을 구축해야 하는 또 한 가지 이유는, 개방과 공유의 가치가 하나의 시대적 흐름을 만들고 있다는 사실 때문이다. 그것을 증명이나 하듯 지금 세계는 B2C의 비즈니스 형태에서 'P2P Peer-to-Peer'로 빠르게 전환되고 있다. P2P는 인터넷을 통해 개인이 보유한 유휴 자산의 대출을 중개하는 서비스인데, 거래되는 자산은 자동차, 자전거, 보트, 공구, 장난감, 주방용품, 스키 등 다양하다. 수익 모델은 임대인이 정한 가격에 계약이 성립되면 임차인의 비용 중 일부가 수수료로 서비스 중개회사에 지급되는 형태이다.

이러한 P2P 비즈니스 모델이 확대되는 배경에는 개방과 공유라는 시장과 소비자들의 사고의 변화가 존재한다. 개방된 시장에서 특정 서비스나 제품을 공유하는 데 대한 사회적 인식이 확대되고 있는 것이다.

인재들의 동기와 의욕을 자극하는 요인을 분석할 때 항상 가장 먼저 떠오르는 것이 급여 체계이다. 미국을 중심으로 한 서구 국가에서는 성과급 제도를 도입해 직원들의 동기부여에 공을 들여왔다. 하지만 이 시스템은 노력이라는 과정에 인색한 결론을 도출하고 말았다. 직원들의 내적 동기에 대한 충분한 평가가 이루어지지 않았던 것이다.

제4차 산업혁명은 바로 이러한 인재들의 내적 동기에 초점을 맞추고 있다. 인공지능, 빅데이터, 로봇, IoT와 같은 요인들이 창의적이고 자유롭게 활약할 수 있는 환경을 형성해 급여와 같은 보상이 없어도 인재들이 새로운 시스템을 활용한 업무의 편의성과 새로운 가능성에 흥분해서 능동적으로 일에 뛰어들게 만드는 것이다.

앞으로는 일을 하는 가운데 발생하는 흥분, 재미, 그리고 희망이 외적 동기보다 훨씬 더 높은 의미를 가질 것이다. 따라서 인재들로 하여금 일에 대한 새로운 가능성을 발견하게 함으로써 능동적으로 참여하도록 유도하는 내적 동기의 향상에 힘을 기울이는 것이 필요하다.

경영혁명 4.0 시대의
인재혁명

기술의 발전은 항상 우리가 생각하는 것 이상의 변화를 가져왔다. 증기기관, 전기의 보급, 인터넷 정보화와 스마트폰, 이 모든 것이 그러했다. 로봇, 인공지능, 빅데이터와 IoT도 지금 일어나고 있는 것 이상의 변화를 가져올 것이 분명하다. 문제는 상상 이상의 변화가 구체적으로 어떤 것인지 알기 힘들다는 것이다. 여기서는 제4차 산업혁명이라는 불확실성으로 가득한 변화의 과정 속에서 독자적인 형태로 대처하고자 노력하는 기업의 고군분투를 통해 시사점을 찾아본다.

슈퍼 사원들의 집합체
산슈세이카

동네 의원에 가보면 내과 전문의임에도 불구하고 소아과, 피부과 등 여러 진료과목을 함께 진찰하는 의사들이 있다. 다양한 진료가 가능한 것은 오랜 기간의 수련 덕분이다.

이러한 수련 기간의 개념을 기업에 도입해 신입사원부터 입사 5년차가 될 때까지 여러 업무 분야의 제너럴리스트generalist로 양성함으로써 업무의 효율성을 극대화하는 인재관리 방법이 주목을 받고 있다. 바로 68년의 역사를 가진 일본의 중견 제과업체 산슈세이카三州製菓의 '1인 3역 제도'이다.

산슈세이카는 센베이 등 쌀과자를 주력 상품으로 하며, 28년간 영업이익 흑자라는 성과를 올리고 있는 기업이다. 산슈세이카가 주목받는 이유는 직원 개개인의 능력을 최대한 활용하고 있다는 점 때문이며, 그 원동력이 특유의 1인 3역 제도이다.

이 제도를 도입한 후 산슈세이카에서는 실제로 여러 성과가 나타나기 시작했다. 육아 등으로 자리를 비운 직원이 생기면 업무를 대신할 능력이 있는 직원이 그 일을 맡아 이어간다. 업무의 공백을 방지함과 동시에 직원들도 부담 없이 자리를 비울 수 있게 됨으로써 조직 내에 배려의 문화가 형성되기 시작했다. 그런데 결과론적인 측면에서 볼 때 1인 3역 제도의 도입은 회사 입장에서는 더할 나위 없이 좋은 것이지만, 세 가지 업무를 숙지해야 하는 직원들에게는 부담이 되지 않을 수 없다. 그럼에도 불구하고 산슈세이카는 어떻게 1인 3역을 가능하게 한 것일까?

먼저 산슈세이카는 전체 직원을 각각의 숙련도에 따라 '신인', '도제', '보좌', '담당', '프로', '달인'의 6단계로 구분해 평가하는 과정을 일상화하고, 지속적으로 직원의 작업 숙련도 향상을 꾀한다. 달인이 될 때까지 각 단계별로 업무를 진행하면서, 직원 한 사람에게 세 가지 업무를 도전하게 하고 숙련도를 높여가는 것이다.

그렇지만 설사 업무를 대신할 능력이 있다고 하더라도 빠진 자리에 당장 들어가서 일을 하려고 하면 어디까지 일이 진행되어 있고, 당장 무엇을 해야 하는지 쉽게 파악하기가 어렵다. 산슈세이카는 이 문제를 해결하기 위해 다른 사람이 업무 내용을 한눈에 알 수 있도록 항상 '연락 노트'를 만들어 준비하도록 한다. 연락 노트는 다른 사람이 업무를 맡더라도 업무 수행에 지장이 없도록 각 업무의 절차와 주의사항 등을 적어둔 설명서에 해당한다.

물론 연락 노트를 항상 준비해두는 과정 자체가 직원들에게 부담이 될 수 있다. 하지만 육아나 노부모를 돌보는 직원들의 경우는 언제 자신이 쉬게 될지 모르기 때문에, 자리를 비울 때 다른 사람이 대신할 수 있도록 준비하는 연락 노트를 부담으로 여길 여유가 없다.

산슈세이카에서는 지금 이 연락 노트를 가지고 빅데이터의 형태로 시스템을 구축하는 일에 대한 논의가 한창 진행 중이다. 이것이 가능해지면 그동안 개별적으로 만들어왔던 연락 노트의 내용을 토대로 한 데이터의 분석을 통해 제시되는 결과를 바탕으로 업무의 인수인계가 훨씬 더 용이해질 것이다.

그런데 도대체 어떤 이유로 산슈세이카는 1인 3역 제도를 도입하게 된 것일까? 그 배경에는 여성이 활약할 만한 회사를 만들 수 없을까 하는 고민이 있었다. 전 직원 250명 중 180명이 여성 직원이었기 때문이다.

기혼 여성 직원의 경우 갑자기 아이가 아파서 조퇴하지 않으면 안 되는 상황이 생길 수 있는데, 아무래도 자리를 비우려면 주변의 눈치를 볼 수밖에 없다. 산슈세이카는 이러한 상황을 만들지 않고 편안하게 아이를 보살필 수 있는 환경을 만들고자 했다. 그것이 숙련된 여성 직원들의 지속적인 고용을 확보하는 길이라고 판단했던 것이다.

이 제도가 정착된 지금, 제4차 산업혁명은 아이를 가진 직원들이 더 쉽게 효율적으로 활약할 수 있는 가능성을 제시하고 있다. 바로 원격근무 시스템을 구축해 사무실 공간을 확대하는 전략이다. 남녀를 불문하고 아이를 둔 직원들의 경우 자녀가 다니는 유치원이나 학교와 가까운 곳에 사무실을 빌려 일하도록 한 것이다. 한 예로 회사 전체 매출의 10퍼센트를 차지할 정도로 크게 히트한 '튀김 파스타'를 만든 직원의 업무 공간은 본사 건물이 아니라 전철역 근처 임대 오피스였다. 본사까지 이동하려면 버스를 두 번이나 갈아타야 하고 시간도 많이 걸리기 때문에, 임대 오피스에서 일하며 성과를 낸 것이다.

이와 같은 성과를 바탕으로 산슈세이카는 1인 3역 제도를 전제로 회사 자체의 빅데이터를 구축해 업무 시간의 최소화를 유도하는 방안을 모색하고 있다. 하지만 논의 과정에서 산슈세이카의 직원들은 비록 인공지능, 로봇, 빅데이터, 그리고 IoT를 활용한다 하더라도 지금 그대로 꼭 유지했으면 하는 한 가지 바람이 있다고 한다. 그 바람이란 회사 내의 소통이 원활하게 이루어지도록 지속적으로 노력했으면 하는 것이다.

직원들은 1인 3역을 담당하기 위해 세 가지 업무를 파악하고, 연락 노트를 보며, 다른 직원의 업무를 수행하다보니 자연스럽게 다른 사람의 일을 이해할 수 있게 되었다. 그러는 사이에 서로 배려하는 문화가 형성되어 부서 간의 불필요한 마찰도 줄어들었다. 그리고 제4차 산업혁명이 진행되는 과정에서도 이러한 직원들 사이의 심리적인 교감과 배려라는 아날로그적인 요소에 중요한 의미를 가지고자 한다.

그런데 이처럼 효과적인 산슈세이카의 1인 3역 제도가 다른 기업들에서 널리 차용되지 않는 까닭은 무엇일까? 그 이유는 1인 3역 제도를 도입하기 위해서는 기업의 모든 업무를 가시화하고 표준화할 필요가 있기 때문이다. 즉 조직 내부의 모든 업무를 드러냄으로써 부서의 벽을 허물고, 모든 내용을 파악하고 있어야 한다는 말이다. 그야말로 개별 부서의 모든 것을 다 보여주어야 하다보니, 부서의 이익을 중시하는 직원들의 경우 가시화에 소극적인 자세를 보일 수밖에 없고, 이렇게 나타나는 조직 내 가시화의 어려움이 1인 3역 제도를 보편화하기 힘든 요인으로 만드는 것이다.

하지만 인공지능과 빅데이터가 거의 모든 기업에 도입되기 시작하면, 업무의 가시화는 원하지 않더라도 진행될 수밖에 없다. 즉 아무리 비밀을 유지하고 싶어도 현실적으로 불가능한 시대가 도래하는 것이다. 따라서 더 이상 1인 3역 제도를 도입하지 않을 이유가 없게 된다. 물론 필자가 산슈세이카의 1인 3역 제도를 처음 접했을 때처럼 '경영자가 직원을 너무 혹사시키는 것 아닌가'라는 생각이 들 수도 있다.

하지만 산슈세이카의 직원 개개인이 어떤 환경에서도 인정받을 만한 업무 능력을 형성할 수 있고, 미래에는 인공지능, 로봇, 빅데이터, 그리고 IoT가 보다 그들의 업무 수행을 용이하게 만드는 환경을 조성해준다는 점을 고려하면, 이 제도는 보다 확대되어야 한다. 아니 조금 더 도전적인 관점에서 본다면, 1인 3역을 넘어 1인 4역 혹은 5역으로 확대하는 것도 검토해볼 여지가 있다.

제4차 산업혁명 시대에 자신의 업무를 인공지능에, 로봇에 빼앗긴다고 걱정하기보다 산슈세이카의 직원들처럼 오히려 직원들로 하여금 적극적으로 1인 다역을 수행할 수 있게 업무 능력을 형성하도록 하는 것이 기업의 입장에서도 미래에 대한 현명한 준비 자세가 될 것이다.

사내 SNS로 소통하는 인재를 만들다
시티즌

특정 분야를 초월해 직원들과 경영자들이 자유롭게 소통해야 하는 시대가 도래했다. 정보가 어느 한곳에 모이고, 의사결정이 어느 한곳에서 정체되어 타이밍을 놓치는 바람에 실패하는 행태에서 벗어나야 하는 과제를 안게 된 것이다. 이때 대안으로 떠오른 한 가지 방법이 사내 커뮤니케이션에서 메일 대신 SNS를 활용하는 방안이다.

메일은 기본적으로 인사말부터 시작하는 등 요식적인 문장이 들어가 작성자에게 시간적 부담이 된다. 확인하고 답을 받을 때까지 시간 또한 소요된다. 상사에게 보내는 경우에는 구구절절 예의를 차려야 하니, 그것 또한 효율성을 저해하는 요인이 된다. 면식이 없는 타 부서에 메일로 연락을 할 경우에는 특히 심리적으로 부담스럽게 느껴진다.

이러한 심적 부담과 물리적 시간 사용의 비효율성 극복이 제4차 산업혁명 시대의 인재관리에서 중요한 과제로 여겨지고 있다. 그러나 필요성에도 불구하고 2010년 이후 사내 SNS 붐이 일었을 당시, 도입한 기업들의 90퍼센트가 실패로 끝났기 때문에 지금도 SNS의 도입에 회의적인 의견이 지배적이다. 하지만 인공지능과 빅데이터를 활용해 다양한 사내 SNS 시스템이 제공되면서 새로운 가능성으로 또다시 주목받고 있다.

일본의 시계 제조 기업인 시티즌CITIZEN은 페이스북이나 라인, 카카오톡 같은 기존의 SNS가 아닌 사내 전문 SNS 시스템을 활용해 영업, 제조, 수리에 이르는 부문 간의 연계를 원활히 하면서 수익의 80퍼센트를 해외 시장에서 올리고 있다. 해외의 정보를 실시간으로 공유하는 시스템을 구축해 보안성과 안정성을 높이고, 자사에 최적화된 환경을 만든 것이다.

시티즌그룹의 전체 종업원 수는 약 1만 9,000명이고, 핵심 계열사인 시티즌 시계의 직원 수만 보더라도 1,000명이 훨씬 넘는다. 그러다 보니 사내 SNS를 도입하기 이전 일본 국내 및 해외 지사를 통한 업무 추진 과정에서 가장 어려운 점은 핵심 정보와 키맨key man으로 불리는 담당자들 사이에 신속한 정보 공유가 안 된다는 것이었다.

오래된 기술자가 가지고 있는 핵심 기술이 있었지만, 소통과 정보 공유의 부족으로 기술 전승이 잘 이루어지지 않는 데다, 개인의 주관적인 판단에 의한 검증되지 않은 정보가 마음대로 공유되는 등 문제가 발생했기 때문이다. 특히 심각한 문제는 정확한 정보에 대한 공유가 제대로 이루어지지 않다보니 많은 직원이 정보를 처리해서 공유하는 업무 이전에 정보를 찾는 일에 오랜 시간을 허비한다는 것이었다.

따라서 시티즌은 어떻게 하면 연락, 보고, 피드백, 키맨 발견, 인수 등의 업무를 신속하게 진행할 수 있을지 고민했다. 그 결과 찾은 답이 사내 메일을 금지하고 SNS를 도입하는 것이었다. 특히 빅데이터를 활용한 사내 SNS의 도입을 통해 정보 공유의 폭을 확장시켰고, 그 결과 지역, 상사와 부하직원, 그리고 부서 간의 벽을 모두 초월한 정보 공유가 가능해졌다.

실제로 시티즌은 '시티즌 L 암비루나Ambiluna'를 시작으로 다양한 모델을 사내 SNS를 도입한 후 정보 공유를 통해 만들어냈다.

시티즌은 제품 생산과정에서 부서 간의 환경에 대한 중요성을 공유하고, 생산 비용과 수익을 둘러싼 내부적 의견 충돌의 조율을 사내 SNS를 통해 해결해나갔다. 사내 SNS 대화에서 수집된 정보를 분석한 구체적인 결과를 바탕으로, SNS를 활용한 의견 수렴의 과정을 거쳐 단순히 비용 절감을 도모하는 저가격의 제품 개발과 판매라는 틀을 깨고 환경문제에 초점을 맞춘 새로운 모델을 출시했고, 이 제품이 높은 평가를 받기에 이른 것이다.

물론 SNS의 빈번한 소통과 격의 없는 대화법이 오히려 위계질서를 파괴하고, 조직관리에서 문제를 야기할 수 있다는 비판도 없지 않았다. 하지만 시티즌이 친환경 모델 출시 과정에서 SNS를 활용해 상품기획 부서와 사회공헌 부서가 공조하여 키맨을 설득하고, 구체적인 데이터를 통한 가능성을 제시했다는 사실은 사내 SNS 도입이 충분히 검토할 만한 여지가 있음을 보여준다. 과거 메일이 가져온 혁신의 시대가 있었다면, 이제는 인공지능과 빅데이터를 연계하여 자사에 최적화된 SNS를 통해 인재관리를 하는 새로운 시대가 다가오고 있는 것이다.

AI 인사부장의 탄생이 가져온 변화
크레디트스위스

인공지능을 활용해 채용, 평가, 배속을 하는 방법을 'HR테크'라고 부른다. 실제로 최근 미국에서는 인공지능의 기계학습을 활용한 채용 방식이 주목을 받고 있다.

이미 많은 인사 관련 부문의 담당자들이 우수한 인재를 발굴하기 위해 '링크드인Linked-in' 등 인터넷 게재 정보를 직접 검색하는 것은 일반적인 흐름이다. 특히 인터넷 산업 분야에서는 인재 발굴의 과정을 단축시키고 비용을 절감하기 위해 소셜 사이트 등의 프로필에서 수집한 데이터를 바탕으로 독자적인 알고리즘을 사용해, 다른 회사로 옮겨갈 것 같은 인재의 관리와 숨은 인재를 찾아내는 작업을 동시에 수행하기도 한다.

이런 상황에서 기업들이 인공지능을 인사 시스템에 활용할 경우, 주로 초점을 맞추고 있는 것은 채용 과정이다. 먼저 같은 고향, 같은 대학 출신 등 선발 과정에서 관여되는 요인을 제거하는 일에서부터 시작한다. 즉 인공지능을 활용한 채용 프로그램의 알고리즘을 이용해 무의식중에 선발에 영향을 끼치는 불합리하고 불공정한 요인들을 제거하는 것이다.

실제로 최근 한 기업의 채용 과정에서 인공지능의 판단 결과에 따라, 그동안 수차례 지원했는데 한 번도 면접에 붙지 못한 인재가 참석해 높은 평가를 받음으로써 채용되는 이변이 일어나기도 했다. 또 인종이나 성별에 따른 채용의 편파성을 개선하기 위해 여성과 소수민족 등 다양한 인재를 채용할 수 있는 프로그램이 새로이 구축되기도 했다.

그런데 채용 과정에서 인공지능을 활용하는 것은, 그 과정에서 나타날 수 있는 문제점을 개선하는 일뿐만 아니라 비용을 절감하는 긍정적인 성과까지 가져왔다. 실제로 금융기업인 크레디트스위스Credit Suisse는 인공지능과 빅데이터를 활용해 인사관리에서 혁신을 이룬 대표적인 기업이다.

먼저 크레디트스위스는 채용 과정에서 이력서와 공개 정보, 심사 시 질문에 대한 답변 방법을 분석함으로써 응모자가 그 분야에서 일할 경우 성과를 거둘 확률을 예측하도록 했다. 그리고 이 분석 결과에 근거해 해당 인재를 채용할 경우 예측되는 만족도와 불만에 대한 부분을 사전에 대처함으로써 이직률을 크게 낮출 수 있었다. 또한 현재 근무하는 직원들에 대해서는 업무 만족도와 심리적 불안감의 정도를 분석해, 이직할 것 같은 직원을 최적의 부서로 인사이동시켜 이직자를 줄이는 데 성공했다. 인재와 부서의 미스매치를 줄이고 일하기 좋은 환경 만들기를 실현한 것이다.

본래 인사의 가장 중요한 업무는 우수한 인재의 확보와 유출을 방지하는 것이다. 하지만 인공지능과 빅데이터 분석이 도입되기 이전에는 인사부문 담당자가 많은 후보자를 만나 경험을 바탕으로 주관적인 인사평가와 판단을 내리는 경향이 있었다. 인사는 사람이 담당해야만 그 사람에게 내재된 가치를 발견할 수 있다고 생각하던 시절이었다.

하지만 앞서 말했던 것처럼, 오랜 역사를 돌이켜봤을 때 인간이 판단하는 인재는 항상 구설수를 만들고, 각종 물의를 일으키기도 했다. 바로 이러한 점 때문에 크레디트스위스는 인공지능과 빅데이터를 활용한, 그야말로 AI 인사부장의 도입에 적극적으로 나서고 있는 것이다.

크레디트스위스와 같이 AI를 활용한 인사관리 시스템은 앞으로 급속도로 보급될 것으로 예상된다. 왜냐하면 수많은 지원자가 모이는 대기업의 경우, 서류전형과 필기시험을 실시하는 데 엄청난 비용이 소모되기 때문이다. 그런데 AI를 활용해 과거의 모든 채용평가

기록을 데이터화한 내용을 분석하고, 그 결과에 근거해 서류전형에서 면접을 볼 최소한의 인원만 선발할 수 있다면 필기시험에 들어가는 비용을 줄일 수 있다.

또한 AI를 프로그래밍하는 과정에서 기업의 인사평가 기준을 명확히 하는 것이 전제되기 때문에, 기업의 입장에서는 임의적으로 자신들이 뽑고자 하는 후보자를 채용하는 것이 어려워진다. 한편, 구직자 역시 어떤 요행이나 꼼수를 기대하기 힘들므로 기업의 인사평가 기준을 이해하고 지원해야 한다. 즉 기업과 구직자 모두 AI의 알고리즘에 반하는 부정한 방법으로 채용을 도모하는 것이 어려워지기 때문에, 인사의 공정성과 투명성은 개선될 가능성이 크다고 할 수 있다.

다만 우려되는 부분은, 과연 AI가 후보자의 인품이라는 부분을 적절히 파악해낼 수 있는가 하는 점이다. 크레디트스위스의 경우 금융업이라는 특성상 도덕성이 상당히 중요한데, 이러한 인품 혹은 인성과 관련된 부분은 AI가 선별해내기 어려우므로 한계가 있지 않나, 라는 지적이 나오게 되는 것이다.

그럼에도 불구하고 AI가 인사 시스템에 적극적으로 활용되어야 한다는 의견이 지배적이다. 아마도 AI에 대한 기대가 큰 이유는 실력보다는 인맥으로, 노력보다는 배경으로 평가받아왔던 부조리를 극복하고 공정성을 유지할 수 있는 최선의 방법이라고 생각하기 때문일 것이다. 다소 씁쓸하지만 이것이 현실이다.

Insight

인재혁명의
인사이트

제4차 산업혁명 시대의 인재혁명을 살펴보면, 우리가 사는 이 시대는 인재라는 개념의 정의부터 기존의 개념적 틀을 깨고 새로운 형태로 재해석해야 함을 깨닫게 된다. 제4차 산업혁명 시대에 인재란 기업 내부에 몸을 담고 있는 직원의 개념이 아니라, 기업의 어떤 사업 추진 과정에서 활용 가능한 사내외의 관계자 모두라고 재해석하는 것이 필요하다.

하지만 사내 혹은 사외의 모든 대상을 인재로 활용하려는 협업 시스템을 구축하기란 쉽지 않다. 따라서 어떻게 기업들이 인재 간의 교류를 확대하고 협업을 할 수 있는가가 중요한 과제로 대두되고 있다.

바로 이러한 과제를 해결하는 방법으로 제시되고 있는 것은 채용 과정에서 AI를 활용해 후보자를 검증하는 일이다. 지금까지 채용 과정에서 기업들이 협력하여 후보자의 정보를 공유하면서 선발한 예는 거의 없다. 자신의 회사에 맞는 인재를 찾으면 그만인데, 왜 굳이 좋은 인재를 다른 곳에 빼앗길 여지를 남겨두는 선택을 하겠는가.

하지만 시대가 바뀌었다. 제4차 산업혁명이 진행되고 있는 가운데 인공지능과 빅데이터, 그리고 로봇이 지금까지 인간이 담당했던 업무의 상당 부분을 커버하고 있다. 그런데 기업들이 원하는 인재상은 대체적으로 공통점이 많다. 따라서 굳이 개개의 기업이 비용을 들여 채용 과정을 진행하기보다는 서로 협력하여 비용도 절감하고, 한편으로 서로가 다양한 시점에서 후보자를 평가해 트레이드 형식으로 채용해나가는 효율성을 발휘하는 것이 의미가 있다고 여겨진다.

그런데 기업들이 협력하여 채용 과정을 진행하는 것은 구직자들에게도 이점이 있다. 개개의 회사에 자기소개서를 보내는 것보다 부담이 줄고, 한 번의 지원으로 여러 회사의 인터뷰를 동시에 진행할 수 있어 취직 활동의 어려움이 줄어들면서도 채용 기회는 확대되기 때문이다. 즉 AI를 활용한 기업 간 채용 과정의 협력은 기업과 구직자 모두에게 기회의 확대라는 측면에서 긍정적인 의미를 제공한다고 볼 수 있다. 이러한 점에서 보면, 지금 이 시대는 기업 간 인재 공유의 서막이 열리고 있다고 할 것이다.

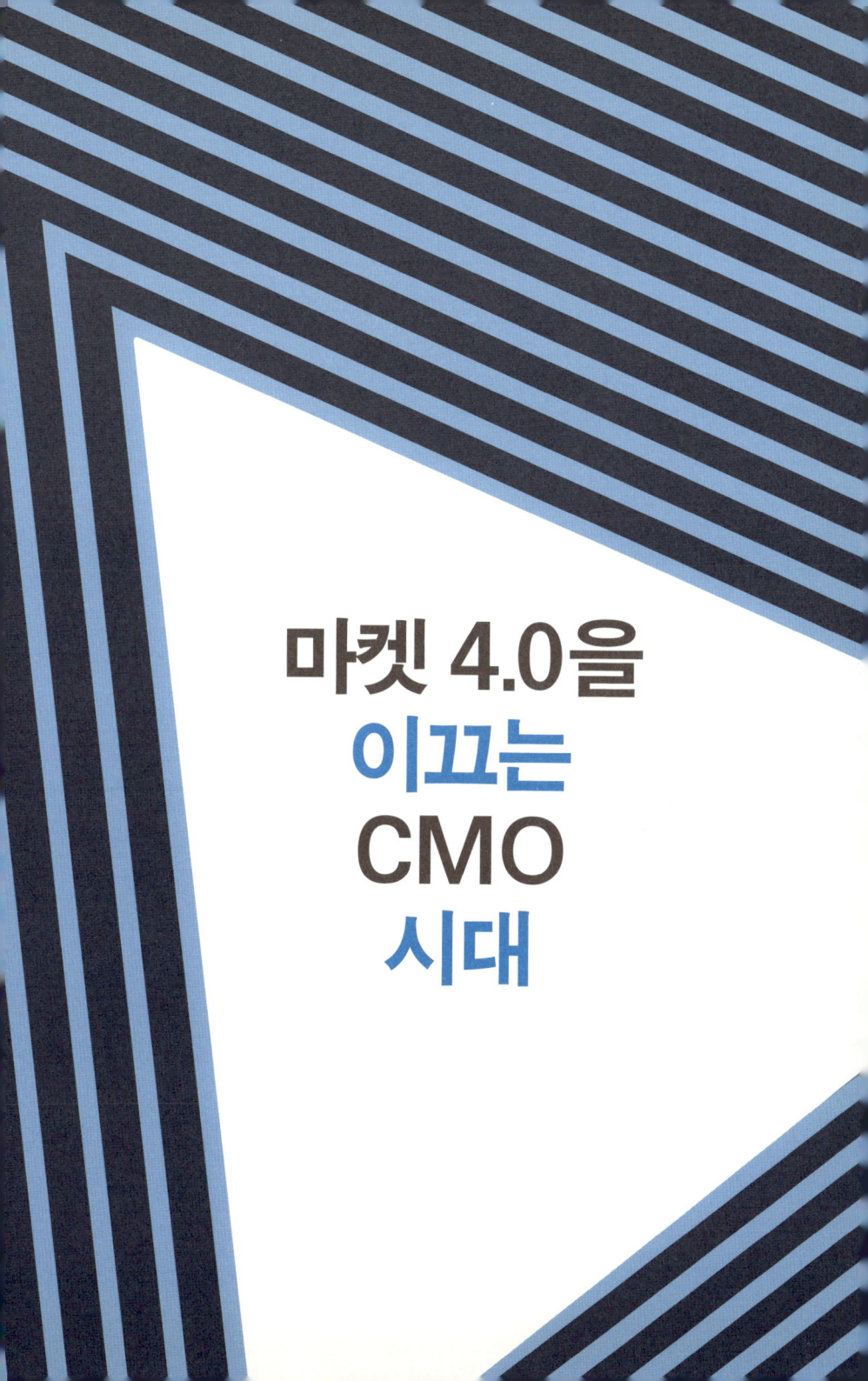

"시대가 바뀌면 제품을 파는 방법도 바뀐다. 또한 시대가 바뀌면 소비자가 제품을 사는 이유도 바뀐다."
필립 코틀러가 제창한 '마켓 4.0'을 다룬 학회에서 나온 말이다. 예전에 옷을 파는 기업들은 제품을 소비자에게 얼마나 많이 파는지가 절대적인 과제였다.

하지만 유니클로의 야나이 다다시柳井正 회장처럼 옷을 파는 기업들도 지금은 기업 활동의 이유가 단순히 많이 파는 것이 아니며, 소비자에게 옷을 통해 행복감을 느끼게 하는 것이 추구하는 가치라고 말한다. 소비자의 입장에서도 과거처럼 추위나 더위를 피하는 목적으로 옷을 사는 것이 아니라, 옷을 통해 자신의 스타일을 완성함으로써 삶의 가치를 극대화하고자 한다.

이러한 시대의 변화에 따른 새로운 가치에 주목한 마켓 4.0의 개념이 지금 관심을 끌고 있다. 이 장에서는 제4차 산업혁명 시대를 견인하는 마케팅의 핵심적 가치인 마켓 4.0에 대해서 살펴본다.

마켓 4.0 :
마케팅 무한도전의 역사

　　마켓 4.0은 제4차 산업혁명이 대두되는 시기에 발맞추어 마케팅 연구의 대가인 필립 코틀러Philip Kotler가 제창한 개념으로, 시대의 흐름과 함께 사람들의 라이프스타일이 변화하고 있는 것에 주목해 마케팅 방법도 당연히 변화해야 한다는 것을 전제로 하고 있다. 그렇다면 마케팅의 시점은 역사적으로 어떻게 변화해왔을까?

　마켓 1.0 단계는 단적으로 말하면 제품 지향에 초점을 맞추었다고 할 수 있다. 예를 들어 소비자들이 가장 선호하는 것은 '좋은 것이나 편리한 것'이라고 할 때, 판매자 측에서는 '좋은 제품임을 소비자에게 호소하면 팔린다'라고 생각하는 것이다. 예전에는 존재하지 않았던 획기적인 기능을 가지고 있고, 타사보다 성능이 좋은 제품을 개발하는 것이 무엇보다 중요했던 시기다.

그러나 획기적이던 신상품에 뛰어난 성능도 얼마 가지 않아 유사품이 등장하는 등, 시간이 지날수록 돌출된 매력이 반감되기 시작한다. 즉 제품의 질과 기능을 어필하는 것만으로는 소비자들의 지지를 얻기 어렵다는 사실을 인식하게 된 것이다. 그래서 등장한 것이 제품이 아닌 직접 지갑을 열고 구매하는 주체인 소비자 지향의 마켓 2.0이다.

마켓 2.0 단계에서 소비자는 많은 상품 중에서 자신에게 적합한 것을 찾는다. 그리고 생산자 및 판매자는 단순히 좋은 기능을 가지는 제품의 특성을 넘어 제품을 필요로 하는 사람에게 그 제품의 매력을 적절하게 어필하는 것을 중요시 여기게 되었다. 즉 많은 경쟁 제품이 시장에 쏟아져 나오는 상황에서 자사의 상품을 사달라고 하기 위해서는 자신이 생산한 제품이 소비자에게 매력적으로 느껴지도록 호소하는 것에 중점을 두게 되었다.

그러나 마켓 2.0 역시 마켓 1.0과 마찬가지로 한계가 있었다. 소비자에게 어느 특정 제품이 매력적으로 받아들여지면 이 역시 경쟁사들이 유사 상품을 만들어내어 소비자들에게 같은 매력을 호소한다. 비슷한 성능, 비슷한 제품이 나타나면 결국 가격 경쟁력을 둘러싼 치열한 전쟁이 발생할 수밖에 없다. 그리고 이러한 상황은 기업의 수익 비중이 줄어들게 만들고, 결과적으로 승자도 패자도 모두 웃지 못할 상황에 놓이게 된다. 이렇게 되자 등장한 것이 기업과 제품의 가치, 즉 타사들이 흉내 낼 수 없는 기업의 가치 창출에 중점을 둔 마켓 3.0이다.

　마켓 1.0과 마켓 2.0의 단계에서 소비자들이 제품의 기능과 제품 자체의 매력 때문에 그 제품을 구매해야 하는 이유를 찾을 수 없게 된 후, 기업들은 기업의 정체성identity을 소비자에게 전달해 그들의 기업가치에 대한 믿음이 구매로 이어지도록 하는 전략scheme을 만들었다. 즉 제품을 제조하는 기업의 경영철학과 사회공헌 활동의 가치를 상품에 담아 기업이 시장에서 존재하는 가치를 소비자에게 호소하기 시작한 것이다.

　마켓 3.0의 소비자들은 기업이 제조하는 제품 중 어느 것을 사더라도 그다지 다르지 않다는 전제하에 그들이 기업가치에 공감하거나 지지하는 특정 기업의 제품을 구매한다. 실제로 오늘날 많은 소비자가 마켓 3.0에 대한 이해를 바탕으로 구매 행위를 하는 듯한 모습을 보인다. 예를 들어 비슷한 두 곳의 프랜차이즈 식당 중에서 A는 직원들의 가혹한 노동환경이 언론에 보도되었고, B는 종업원의 복리후생에 공을 들이는 곳으로 알려져 있다고 하자. 이런 경우 대부분의 소비자는 자연스럽게 B 식당으로 가게 되어 있다.

　바로 이러한 소비자의 선택이 마켓 1.0, 마켓 2.0의 시대와는 다른, 마켓 3.0의 차별화되는 점이다. 즉 기업들은 제품의 차별화를 넘어 라이벌 기업과는 전혀 다른 아이덴티티에 근거한 기업가치를 하나의 선택지로 소비자에게 제시하고 있는 것이다.

그러나 많은 기업이 가치의 차별화를 위해 CSR 전략을 수립하고 사회공헌에 관심을 가지면서 소비자들은 대부분의 기업이 비슷한 제품, 비슷한 기업 아이덴티티를 갖고 있는 것처럼 느끼게 되었다. 그러다보니 기업의 입장에서는 마켓 3.0 단계의 기업가치를 추구하더라도 다른 기업과의 차별화가 어려운 상황에 놓였다. 이에 따라 마켓 3.0의 한계를 넘어서는 새로운 개념으로 마켓 4.0이 대두되었다.

마켓 4.0을 한마디로 말하면 '자아실현'이다. 소비자가 제품을 구매하는 이유 중에서 가장 궁극적인 것은 제품의 기능에 만족하거나 기업의 가치에 공감해서가 아니라, 소비자 스스로의 자아실현을 위해서라는 점이다.

필립 코틀러는 여기서 한 걸음 더 나아가 『마켓 4.0*Marketing 4.0*』에서 특정 제품의 구매는 소비자 개인의 자아실현에 그치지 않는다고 말했다. 제품을 판매하는 기업의 자아실현, 기업에 속한 구성원들의 자아실현, 그리고 소비자가 생활하고 기업이 근거지를 둔 지역사회 전체의 자아실현이 마켓 4.0이 지향하는 형태라고 제시했다.

여기서 말하는 자아실현이 구체적으로 어떤 것인지를 파악하기 위해, 먼저 필립 코틀러가 『마켓 4.0』에서 말하는 자아실현의 근거가 되고 있는 매슬로Abraham H. Maslow의 욕구 5단계 이론에 대해 확인해 보자.

매슬로의 욕구 5단계 이론을 보면, 인간은 식사와 수면 등의 생리적 욕구가 어느 정도 충족되면 비바람을 견디는 집에서 내일의 생활이 보장되는 것을 바라는 안전 욕구를 가지게 된다. 이것이 어느 정도 충족되면 그다음에는 가정과 가족, 파트너, 회사나 학교 등에 소속되거나 사랑을 원하게 되는 소속과 사랑의 욕구가 생긴다고 한다. 그리고 이것이 충족되면 사회나 집단에서 자신이 가치 있는 존재임을 인정받고 싶어 하는 승인 욕구를 갖게 된다. 그렇게 해서 주위 사람들에게 어떤 형태로든 존재나 행위를 인정받아 승인 욕구가 어느 정도 충족되면, 마지막으로 자아실현의 욕구를 가지게 된다고 한다.

필립 코틀러는 이러한 매슬로의 욕구 5단계 이론을 모델로 해서 마켓 4.0의 자아실현에 이르는 단계를 다음과 같이 정리하고 있다. "마켓 4.0은 기업이 자신의 이익만을 추구하는 것이 아니다. 소비자도 제품을 구입하고 그 제품을 통해 개인적 만족감을 혼자서 느끼는 것에 그치는 것이 아니다. 양자가 사회 전체의 만족감을 구현하기 위해 노력해야 한다는 것이다."

그런데 제4차 산업혁명을 주도하는 기술 부문인 인공지능의 발전과 보급은 마켓 4.0에서도 새로운 가능성을 제시하고 있다. 인공지능은 인터넷 시대의 소비자 행동을 분석하고, 그에 따른 대안을 제시한다. 동시에 SNS를 활용해 공유하면서 특정 고객을 타깃으로 한 마케팅의 방향을 보여준다. 특히 마케팅 분야에서 인공지능의 특징은

매슬로의 욕구 단계	생리적 욕구 안전 욕구	소속과 사랑의 욕구	승인 욕구	자아실현 욕구
필립 코틀러의 마켓 단계 구분	마켓 1.0	마켓 2.0	마켓 3.0	마켓 4.0
단계별 목표	물건을 구매할 수 있음	자기에게 맞는 물건을 살 수 있음	구입한 물건을 사용한 후의 만족감과 그에 대한 공유	다른 사람에게 체험을 제공해 행복을 공유

| 자아실현에 이르는 마켓 4.0의 단계 |

텍스트와 사진, 그리고 동영상 등 이미지 데이터의 분석을 통해 잠재적 가치 공유자인 고객을 대상으로 마케팅을 실시할 수 있다는 것이다.

하지만 지금의 인공지능 분석에 근거한 마케팅에서는 소비자, 기업, 그리고 사회 구성원의 자아실현을 유도하는 부분까지는 적절한 대안을 제시하지 못하고 있는 실정이다. 구글과 페이스북이 지속적인 연구를 추진하고 있음에도 불구하고, 가치 공유인 마켓 3.0까지는 인공지능이 주도적인 역할을 수행하는 것이 가능하지만, 사회 구성원의 자아실현을 인공지능이 주도하는 단계에는 이르지 못하고 있다.

그렇다면 기업의 경영자와 직원, 그리고 소비자가 모두 자아실현을 위해 노력하고, 사회 전체가 자아실현의 가치를 이루기 위해서는 어떻게 해야 할까? 특히, 인공지능과 같은 제4차 산업혁명의 테크놀

로지 발달이 급속히 진행되는 가운데 기업, 직원, 그리고 소비자들 모두가 최대한의 자아실현을 이루기 위해서는 무엇을 해야 할까?

그 해답은 바로 '가장 근본적인 것부터 시작해야 한다'는 것이다. 여기서 말하는 가장 근본적인 것이란 모두가 공감하고 만족할 수 있는, 즉 구성원들의 가치적 공감을 불러일으키는 일을 의미한다.

인공지능도 구성원들의 가치적 공감이 없으면 효율적으로 활용하기 어렵다. 따라서 인공지능을 활용하는 전략 구축을 위해서라도 먼저 기업의 가치, 사회의 가치, 그리고 개인의 가치를 동시에 구현할 수 있는 자아실현이 선행되어야 한다. 그렇다면 자아실현을 위해서는 어떻게 해야 할지 대표적인 사례를 통해서 살펴보자.

일본 최대의 아웃도어 제품 개발업체인 스노우피크Snow Peak는 업무 그 자체를 통해 새로운 가치 창출과 자아실현을 이룬 기업이다. 캠핑텐트 등 아웃도어 용품을 제조하는 스노우피크가 마켓 4.0으로 세상에 알려진 이유는 애플과 같은 기업에서도 시찰을 왔다는 소문이 퍼지면서부터이다.

스노우피크의 특징은 구글에도 뒤지지 않을 정도로 모든 직원이 즐겁게 일하는 기업이라는 것이다. 스노우피크의 직원들은 무엇보다 좋아하는 일을 업으로 삼고 있다고 느낀다. 모든 직원이 아웃도어에 관심이 많고, 또 좋아한다는 공통점이 있다. 자신이 좋아하는 것과 직장 일이 일치하다보니 직원들은 회사가 니가타현 산골에 위치하고 있다는 지리적 불편함에 대해서도 아무런 불만을 제기하지 않고 즐겁게 일하고 있는 것이다. 그리고 그런 가운데 직원들은 개인의 만족감을 넘어 자아실현의 단계로 성장하고 있다.

제4차 산업혁명 시대에 경영자는 가치와 판단에 대한 근거를 믿고, 모든 사회 구성원의 자아실현을 바탕으로 마켓 1.0 단계에서부터 이루어져온 한계를 극복해나가는 것이 필요하다. 그리고 실제로 한계를 극복하기 위해 고민하며 한 걸음 한 걸음 앞으로 나아가고 있는 기업들이 있다. 다음에는 그러한 기업들의 구체적인 움직임에 대해 살펴보자.

마켓 4.0을 리드하는 기업들

영국 정부는 병원의 경영 건전화와 약을 남용하는 사회적 분위기를 개선하고자, 사전에 알고 있었다는 듯 마켓 4.0에 딱 들어맞는 정책을 추진했다. 그것은 바로 예방의학이다. 그렇다면 영국에서 추진한 예방의학 프로젝트가 왜 마켓 4.0과 관련 있는 것일까?

영국 정부는 국민 한 사람 한 사람에게 병에 걸리지 않도록 생활하는 것이 중요하다는 의식을 심어주고자 했지만, 그것은 쉽지 않은 일이었다. 그런데 여러 가지 정책을 고민하던 중에 효과적으로 진행된 것이 있다. 환자의 건강을 유지시키면 담당 의사에게 포인트를 주는 제도이다. 건강이 개선되는 환자의 비율이 증가할수록 포인트도 늘어나고, 의사에게는 다양한 혜택이 돌아간다. 즉 의사와 환자, 그리고 사회 전체가 만족할 만한 결과를 이루어내는 것이다. 바로 마켓 4.0이 말하는 자아실현의 가장 이상적인 형태이다. 이처럼 마켓 4.0은 이해관계자 모두가 만족할 수 있는 자아실현의 해답을 찾아가는 과정이라고 할 수 있다. 그리고 그러한 도전을 비즈니스 현장에서 실천하고 있는 기업들 중 하나가 나이키다.

올웨이즈 온 마케팅의 대표 주자
나이키

오늘날 소비자들의 구매 형태는 다양하다. 길을 걷다 눈에 들어오는 광고들, 인터넷 포털사이트를 열자마자 쏟아지는 광고들, 그리고 SNS를 통해 소통하는 가운데 접하는 수많은 정보 속에서 소비자들은 언제든지 지갑을 열 수 있는 환경에 놓여 있다. 즉 소비자들은 항상 구매 채널을 'ON'에 맞추고 있는 셈이다. 그렇다면 기업은 어떠한가? 기업의 마케팅도 항상 'ON'인 상태에서 진행하고 있을까?

미국 노스웨스턴 대학교 켈로그 경영대학원의 모한 소니Mohan Sawhney 교수는 소비자들의 구매 의욕에 비해 마케팅 채널을 'ON'에 맞추고 있는 기업이 거의 없다고 말한다. 그러고는 기업들이 보다 더 적극적으로 소비자들의 구매 의욕에 맞출 수 있는 마케팅을 전개해야 한다고 했다. 그러면서 그는 우리가 현재 당면하고 있는 마켓

4.0 시대에 '올웨이즈 온 마케팅Always-On Marketing(AOM)'이 얼마나 중요한지를 지적했다.

소니 교수는 조사를 통해 미국의 경우 성인 한 명이 하루에 모바일 단말기의 화면을 보는 횟수가 163회에 달한다고 분석했다. 시간으로 환산하면 7분에 한 번꼴로 휴대폰이나 태블릿 PC 같은 단말기를 들여다보고 있다는 것이다. 이 조사 결과는 오늘날의 소비자들이 모바일 단말기와 함께 언제든지 정보를 받아들일 'ON'의 상태를 유지하고 있음을 의미한다.

소니 교수는 앞으로의 마케팅은 이벤트성 혹은 캠페인형의 마케팅이 아니라, 항시적인Always-On 대화형 마케팅으로 바뀌어야 한다고 지적했다. 이미 수많은 제품의 기능에 대한 정보가 고객의 수중에 넘치고 있기 때문에, 단지 이벤트성의 화제를 모으는 마케팅으로는 한계가 있다는 것이다. 따라서 기업들이 지금 생각해야 하는 것은 고객의 마음이나 감정을 이해하고 고객 스스로가 만족하며, 동시에 기업도 만족할 수 있는 관계를 형성하는 것이다. 다만 그러기 위해서는 소셜미디어에서 사람들이 무슨 말을 하는지 알고, 그에 따라 '브랜드 스토리'를 만들어 다양한 채널을 활용해 그 이야기를 전하는 것이 필요하다. 특히 고객의 참여를 적극적으로 유도함으로써 지지를 얻어야 한다. 앞으로는 고객이 원하는 콘텐츠를 발신하고 대화를 계속 진행하는 것이 무엇보다 중요하다. 그런 과정에서 제품 혹은 서비스는 자연스럽게 스며들기 때문이다.

이러한 고객 참여를 유도하려면 기업은 고객이 원하는 콘텐츠를 개발하고 지속적으로 소통하기 위해 빅데이터를 활용한 콘텐츠 기반의 마케팅을 실현해야 하는데, 그 대표적인 사례가 나이키다. 소니 교수는 항시적인 'ON' 마케팅을 실현한 대표적인 기업으로 나이키를 꼽으면서, 나이키가 왜 마켓 4.0을 대표하는 기업이며, 모든 기업이 참고로 해야 하는 기업인지를 설명하고 있다.

지금에야 높은 평가를 받고 있지만, 나이키가 오늘날에 이르기까지의 과정은 순탄하지 않았다. 나이키도 마켓 3.0에 이르는 과정에서 쓰라린 경험을 했다. 본래 나이키의 비즈니스 모델은 스포츠 용품 및 의류 디자인 개발은 자사에서 담당하고, 생산은 아시아 등 개발도상국의 저비용 공장에 위탁하는 형태로, 나이키는 이러한 생산 방식을 통해 많은 이익을 얻었다.

그러나 세계화를 활용한 나이키의 비즈니스 모델에는 숨겨진 문제들이 산재해 있었다. 그 대표적인 것이 개발도상국 노동자들에 대한 불공정 거래로 임금 착취였다. 1997년 나이키가 위탁하던 인도네시아와 베트남 등 동남아 공장에서 저임금 노동, 열악한 환경에서의 장시간 노동, 아동 노동, 강제 노동이 발각되는 사건이 발생했다. 이 사건을 계기로 미국의 인권 NGO 등이 나이키의 사회적 책임에 대해 비판했고, 전 세계에서 제품 불매 운동이 일어나 나이키는 큰 타격을 받았다.

위기를 극복하기 위해 고심하던 나이키의 경영진은 공급업체의 노동환경과 안전 및 보건 상황의 확보, 아동 노동을 포함한 인권 문제에 적극적으로 참여해야만 회사의 이미지가 긍정적으로 평가받을 수 있다는 사실을 깨달았고, 곧바로 개선 작업에 나섰다. 바로 이러한 위기에 대한 성찰이 마켓 3.0의 단계에서 나이키가 다시 호의적인 평가를 받는 계기가 되었다.

하지만 나이키는 마켓 3.0 단계에 안주하는 대신 제4차 산업혁명 시대에 맞는 성장을 하기 위해 다시 한번 전략을 수정해야 하는 과제에 직면했다.

그리고 전략 수정의 한 형태로, 나이키는 우선 지난 2년간 제품과 기업 이미지를 중심으로 전개해온 전통적인 광고에 대한 투자를 40퍼센트까지 삭감했다. 광고 자체의 콘셉트도 제품의 기능과 성능을 내세우기보다 고객이 더 나은 선수가 되기를 바라며 서비스를 제공하는 기업이란 사실을 강조했다. 그러면서 실제로 나이키의 신발 안에 심어둔 센서와 스마트폰 애플리케이션을 활용해 고객이 '선수가 되는 길'을 지원하기 시작했다.

이러한 새로운 마케팅이 실시된 이후 고객들은 스스로에 대한 도전, 퍼포먼스 개선 혹은 친구와의 SNS를 통한 소통 등을 사용해 나이키의 제품과 기업에 대한 다양한 '경험'을 공유하기 시작했다.

소니 교수는 나이키의 사례에 주목하면서 이전의 나이키 제품이 소비자 체험을 최종적으로 도달해야 할 목적지로 보았다면, 지금의 나이키에게 있어 제품이란 소비자에게 경험을 제공하기 위한 출발점이라고 설명했다. 즉 제품이 고객으로 하여금 커뮤니케이션과 체험을 경험하도록 하는 도구가 되고 있다는 것이다.

나이키의 고객들은 자신이 열심히 운동하거나 도전하고 있는 순간을 찍은 사진이나 정보를 '저스트 두 잇JUST DO IT'이라는 이름의 나이키 페이스북이나 트위터를 통해 확산시켜나갔다. 그리고 공유되거나 게시된 사진의 일부는 나이키의 공식 '저스트 두 잇' 무비에 차용되어 또 다른 소비자들과 경험을 공유하는 시간을 가질 수 있도록 했다. 이 밖에 '나이키+러닝'이라는 스마트폰 애플리케이션을 활용해 자신의 달리기 활동을 소셜미디어 등으로 발신해나가고 있다.

이처럼 나이키의 '올웨이즈 온 마케팅'은 고객들이 스스로를 운동선수처럼 여기며 건강과 즐거움을 만끽하게 할 뿐 아니라, 기업으로서도 단순히 제품을 판매하는 것을 넘어 소비자가 건강과 운동으로 성취감을 느끼게 한다는 측면에서 양자가 자아실현을 이루고 있음을 볼 수 있다. 여기서 한 걸음 더 나아가 사회 구성원 전체의 건강에 대한 인식의 변화와 관심의 증가를 유발하는 계기도 만들어주었다.

고객에게 시간을 돌려주는 노 브랜드
무인양품

최근 매장에서 고객의 시간을 낭비하는 것이 아니라 방문의 가치를 극대화함으로써 고객들이 오히려 매장을 적극적으로 찾게 만든 사례가 있다. 바로 '무지MUJI'로 알려진 무인양품이라는 기업이다.

무인양품은 1980년부터 시작된 세이유그룹의 PB 브랜드이다. 이름에서도 나타나는 것처럼 '노 브랜드No Brand', 즉 브랜드 없이 포장을 간소화하고 제품 자체의 디자인을 단순화해 생산공정의 수고를 덜어줌으로써 낮은 가격의 제품을 실현한 브랜드이다.

무인양품은 이러한 콘셉트로 타 브랜드와의 차별화를 이끌어내어 창업 이후 고객으로부터 꾸준한 지지를 받아왔다. 게다가 최근에는 빅데이터 분석을 최대한 활용해 고객을 가시화하고, 고객의 시간 가치를 최적화함으로써 고객으로부터 신뢰라는 접점을 형성하는 데에도 성공했다.

특히, 이 성공의 일등공신이라고 할 수 있는 마켓 4.0 전략의 핵심으로 내놓은 것이 스마트폰 앱 '무지 패스포트Passport'였다. 무인양품은 IT 혁명이 시작된 이후 꾸준히 디지털 시스템을 활용해왔고, 빅데이터 분석을 바탕으로 고객의 이해와 커뮤니케이션 촉진을 위해 노력했는데, 그 결과물이 바로 무지 패스포트였던 것이다.

무지 패스포트는 일종의 회원증과 같은 것으로, 매장이나 온라인 사이트에서 구입 금액에 따라 '무지 마일'이 가산되는 시스템이다. 여기까지는 그다지 특별해 보이지 않는다. 하지만 무지 패스포트가 다른 포인트 시스템과 차별화되는 것은, 매장에서 제품을 구매하지 않더라도 무지 패스포트 앱을 가동시켜 하루에 한 점포를 체크인하면 무지 마일이 부여된다는 점이다. 그렇게 쌓은 마일은 쇼핑 포인트로 전환할 수도 있다. 또한 앱을 다운로드하고 회원이 되면 '무인양품 주간'이라는 회원 우대 기간 동안 전 상품을 10퍼센트 할인 가격으로 구매할 수 있다.

그렇다면 무지 패스포트가 기업인 무인양품에는 어떤 이점이 있을까? 이 부분을 살펴보기 위해서는 먼저 무지 패스포트가 도입된 과정을 확인해볼 필요가 있다.

무지 패스포트는 단순히 고객 서비스 차원으로 제공하는 포인트 앱의 개념이 아니라, 고객과 기업이 소통하는 커뮤니케이션을 시각화한 응용프로그램이다. 실제로 무인양품은 이 프로그램을 만드는 과정에서 먼저 스마트폰의 등장 이후 변화한 고객들의 행동에 주목했다. 개발자들은 인터넷에서 제품을 구매하는 고객들이 SNS에서 친구나 지인의 게시물을 보고 '이 제품이 갖고 싶다'라는 생각이 들면 인터넷 사이트에서 제품의 내용을 확인한 후 상품을 구매하러 매장에 간다는 패턴을 발견했다. 그리고 구매 후에는 리뷰를 SNS에 게시하는 습성이 있다는 것도 파악했다.

이러한 고객의 일련의 행동을 분석한 무인양품은 제품 구매 행위와 리뷰에 이르는 전 과정을 단순히 구매 내역만이 담기는 포인트 카드 외에 데이터로 축적하는 방안을 고민했고, 그렇게 해서 세상에 나온 것이 바로 무지 패스포트였다. 이 과정에서 무인양품의 구성원들은 자사의 제품을 구매하는 고객의 행동을 이해하게 되었고, 자연히 고객과의 공감대가 형성되었다. 한편 경영자도 단순히 매출액이나 영업이익 같은 숫자가 아니라, 구매하는 고객들의 모습을 보면서 누구를 대상으로 경영을 하는지, 아니 누구를 행복하게 만들기 위해 경영을 하는지 생각할 기회를 얻게 되었다. 그렇다면 실제로 무지 패스포트가 어떻게 고객 가치를 극대화하고 있는지 확인해보자.

첫째, 무지 패스포트는 무인양품의 콘셉트인 '고객 관점'에 근거하여 고객을 더 잘 이해하기 위해 기업의 기존 판매 관리POS에서 얻을 수 있는 구매 데이터뿐 아니라, 온라인상의 행동 데이터와 위치 정보, 고객 특성 데이터 등을 하나로 통합했다. 즉 고객 가치의 최적화를 이루는 데 도움이 되는 정보를 획득한 것이다.

구매 시 사용할 수 있는 무지 포인트로 교환 가능한 무지 마일은 매장에 체크인 제품이나 재고의 검색, 리뷰 게시물 등 고객이 무인양품과 관련된 정보를 얻을 권한을 준다. 체크인 기능은 고객의 위치 정보로부터 생활권을 유추하기 쉽고, 원하는 상품과 구매 내역을 보면 고객의 기호도 파악할 수 있다. 즉 무지 패스포트를 활용하는 고객들의 빅데이터를 분석하면 고객의 행동 패턴부터 기호에 이르기까지 모든 것을 파악할 수 있어, 개별 고객의 수요에 맞는 형태로 접점을 형성할 수 있게 된다.

둘째, 무지 패스포트는 고객이 원하는 제품을 개발하는 방식을 새로운 형태로 바꾸었다. 무인양품은 원래 고객 관점이라는 콘셉트하에 연령과 성별을 타깃팅하고, 그 고객층에 맞는 상품을 개발했다. 하지만 실제로 타깃으로 정한 고객층이 그러한 제품을 구매하는지를 기존의 POS 데이터만으로는 파악할 수 없었다.

그러나 무지 패스포트는 이러한 한계를 극복했다. 구매하지 않아도 제품에 관심 있는 사람들이 개인정보를 기입하기 때문에, 그 정보를 활용해 고객의 특징을 객관적으로 파악할 수 있게 된 것이다.

셋째, 무지 패스포트는 획득한 정보와 빅데이터 분석을 바탕으로 고객의 시간 사용을 철저히 파악했고, 이를 통해 고객과의 접점을 최대한 늘리는 방안을 구축했다. 즉 인터넷과 현실 세계를 연결하는 O2O Online to Offline에서의 '고객 시간 확대 전략'을 도입한 것이다.

여기서 말하는 고객 시간이란 웹에서 상품을 검색한 시간, 매장에 방문한 시간, 구입 후 사용까지 걸린 시간, 감상을 게시하는 데 걸린 시간 등 고객이 무인양품과 관련된 활동을 하는 모든 시간을 포함한다. 무지 패스포트는 이러한 고객 시간에 관한 데이터를 최대한 매장에서 바로 활용하기 위해 필요한 각종 데이터를 확보하는 시스템을 구축했다. 그리고 그 결과를 바탕으로 무인양품은 고객별로 시간을 최적화하는 시스템을 제시하기에 이르렀고, 무지 패스포트를 활용하는 고객들은 매장에서 구입하고 결제하기까지 무인양품이 제시하는 가이드라인에 따라 구매 의사를 결정하고 행동하게 되는 것이다.

가장 중요한 것은 무인양품이 고객의 데이터를 분석해 고객 시간을 효율적으로 관리하는 방식을 타 기업과는 다른 형태로 전개했다는 점이다. 종래의 많은 기업은 '고객 시간을 확보하는 목적＝매출 향상'이라는 등식 아래 고객이 매장에 조금이라도 오래 머물도록 유도한다든지, 매장에서 가까운 위치에 있을 때 그곳을 방문하도록 유도하는 메시지나 정보를 제공하는 등의 방식으로 고객의 시간을 기업을 위한 시간으로 전환하는 것에 역점을 두고 있었다. 하지만 이 과정에서 스마트한 고객들은 기업의 의도에 끌려다니는 스스로의 모습에 의구심을 품었고, 그 결과 오히려 기업과의 관계에서 벗어나려는 행동을 취하게 되었다.

반면에 무인양품은 진정으로 고객을 위한 시간을 확보하기 위해 고객이 매장에 머무는 시간을 늘리는 것보다, 고객이 제품을 검색하고 구입에 이르는 과정에서 스스로가 가장 최선이라고 생각하는 시간을 영위하는 것을 어떻게 지원할지에 대해 고민했다. 바로 그러한 관점에서 무지 패스포트 시스템을 구축한 것이다.

이러한 점에서 볼 때, 기업들이 주의해야 할 것은 단지 고객의 많은 정보를 빅데이터로 모으려 한다든지, 고객이야 어떻든 그들의 정보를 기업 위주의 사고로 활용하려는 생각을 버리고 철저히 고객의 관점에서 파악하는 것이 중요하다.

세계의 빅데이터 센터를 꿈꾸다
텐센트

전 세계적으로 인터넷 시장을 둘러싼 경쟁이 격화되고 있는 가운데 중국 정부는 제4차 산업혁명에 대비해 IoT, 빅데이터, 인공지능 등 첨단기술과, 이를 활용해 인프라로서의 클라우드 혹은 사용자와의 접점을 이루는 응용프로그램 개발 능력을 지원하는 정책을 추진하고 있다. 이러한 지원은 중국 시장에서 인터넷 산업을 견인하는 바이두Baidu, 알리바바Alibaba, 텐센트Tencent 3사에 대해 우선적으로 실시되고 있다. 그중에서도 SNS와 게임 응용프로그램을 핵심 서비스로 제공하고 있는 텐센트는 전 세계적인 이용자를 확보하는 데 강점을 가지고 있어서인지 주목을 받아왔다.

텐센트는 1998년 인스턴트 메신저, 웹 포털, 온라인게임을 중심으로 사업을 시작했으며, 현재는 SNS, 음악·동영상 등의 인터넷 미디어, 게임, 경매, 결제 플랫폼 등 다양한 서비스를 제공하고 있다. 최근에는 중국 정부가 금융 서비스에 관한 다양한 정책을 추진하자, 중국 내에서 압도적인 이용자 수를 자랑하는 모바일 메신저 위챗 WeChat(웨이신)을 무기로 소매점에서의 결제 혹은 개인 간 송금 등의 금융 사업에도 진출했다. 실제로 위챗은 전 세계 80여 개국, 약 10억 명의 사용자를 보유하고 있기 때문에 텐센트가 금융 사업을 전개하는 데 중요한 토대가 되고 있다.

중국 정부의 조사에 따르면, 중국의 모바일 인터넷 사용자의 약 25퍼센트가 매일 30분 이상 위챗을 보고 있다. 이렇게 이용자들이 위챗을 찾는 이유는 개방형 플랫폼 위에서 제휴 기업이 다양한 서비스를 자유롭게 기획, 제공할 수 있도록 했기 때문이다.

이용자는 위챗을 통해 택시 예약, 택배 서비스, 자신의 건강 기록 공유, 레스토랑 예약, 비행기 체크인, 은행 카드 잔액 확인에 이르기까지 생활에 밀착된 서비스를 받을 수 있다. 즉 소비자가 다양한 서비스를 통해 생활과 건강이라는 측면에서 자아실현을 용이하게 하는 환경을 형성하게 된 것이다.

그러다보니 위챗에 대한 중국 이용자들의 의존도는 점점 높아지고 있으며, 텐센트가 금융 사업에까지 진출하면서 위챗의 역할은 더욱 확대될 전망이다. 특히 인터넷 쇼핑을 즐겨하는 이용자들을 주요 타깃으로 한 스마트폰 결제 서비스 위챗페이의 경우, 중국인들이 의식주 등 생활 분야에서 모바일 간편결제 서비스를 이용할 기회가 늘어나면서 비약적으로 성장하고 있다. 최근 택시 예약, 슈퍼마켓 소액 결제 시장에서는 알리바바와 경쟁할 정도이다.

여기에 텐센트가 2015년 최초의 민영 인터넷 전문은행인 '위뱅크(선전첸하이웨이중은행)'를 개설하면서 새로운 국면으로 접어들게 되었다. 위뱅크는 일반적인 은행과 달리 영업 거점과 실제 매장이 없고, 대출심사 과정에서도 담보를 대신해 생체인식 기술과 빅데이터를 활용한 신용평가 시스템을 이용하고 있다. 이를 통해 은행은 대출심사 비용을 절감하고, 소규모 영세 고객들은 위뱅크가 제시한 소액 반환을 통해 꾸준히 이익을 얻을 수 있게 되었다. 그야말로 영세 고객들이 스스로 자존감을 획득하는 기회를 얻게 된 것이다.

여기서 한 걸음 더 나아가 텐센트는 SNS, 온라인게임 이용자가 위챗페이를 이용하도록 유도하기 시작했다. 기존에 확보하고 있던 이용자들을 금융 서비스 고객으로 만드는 것을 금융 사업의 성공을 좌우하는 열쇠로 보았기 때문이다.

이를 실현하기 위해 텐센트는 첫째, 기존에 제공하고 있던 택시 예약 서비스인 '디디다처'를 이용하는 고객들이 위챗페이로 결제할 경우 택시 운전사와 승객 모두에게 10위안을 환원하는 서비스를 출시함으로써 텐센트의 금융 서비스를 이용하는 고객의 전체 숫자, 즉 분모를 최대한 확대하는 데 성공했다.

둘째, 개인 간 송금 서비스의 이용률을 높이기 위해 중국 최고의 명절 중 하나인 춘제에 가족, 친구, 동료 모두가 축제 분위기 속에서 '디지털 세뱃돈'을 위챗페이를 통해 주는 마케팅 전략을 추진했다. 위챗페이를 통한 세뱃돈 송금 구조는 굉장히 단순하다. 송금자가 원하는 금액을 입력해 세뱃돈 아이콘을 생성한 후 위챗 채팅 창에서 개인이나 그룹에 전송하고 세뱃돈을 받는 사람이 확인하면, 수신자의 위챗 계좌로 자동으로 입금된다. 실제로 위챗페이를 활용한 세뱃돈 마케팅 전략은 단시간에 이용자 수를 폭발적으로 증가시켰다.

즉 소비자들의 삶의 가치를 극대화하는 데 있어서 금융 서비스에 마켓 4.0 전략을 도입한 것이다. 구체적으로 말하면, 텐센트는 이미 확보되어 있는 SNS 이용자의 고객 데이터와 고객의 구매 정보 외에 다른 연관되는 정보를 획득해 그들의 삶의 가치를 높이는 금융상품을 축으로 한 마켓 전략을 도입한 것이다. 그러면서도 텐센트는 단순히 고객의 확대라는 수치적 성과에만 집중한 것이 아니라, 서비스를 이용하는 고객의 행복감 증대라는 결과에도 중점을 두었다. 즉 서비스의 제공자와 이용자 모두가 만족할 수 있는 서비스를 고안하는 데 모든 노력을 기울여왔고, 그 결과가 거의 대부분의 서비스에서 실제로 나타나고 있기 때문이다. 그리고 그러한 노력은 고객들의 행복감의 극대화라는 결과로 이어지고 있다. 그야말로 마켓 4.0이 추구하는 자아실현을 통한 행복 추구의 가치를 지금 이 시대의 대표적인 서비스 모델을 통해 구현하고 있다고 볼 수 있다.

Insight 1

여성을 주체로 한
마켓 4.0

마켓 4.0을 추구하는 가운데 여성들의 자아실현은 고객의 입장에서는 우대를 받는 대상이었지만, 기업 내의 구성원으로서 자아실현을 도모한다는 측면에서는 아직까지도 어려운 점이 적지 않다. 여성이라는 이유로 여전히 사내에서 도전 가능한 기회를 얻지 못하고, 때로는 차별을 받는 부분이 있기 때문이다. 그러므로 마켓 4.0을 실현하는 가운데 고객으로서의 여성이 아니라, 기업의 구성원으로서 여성의 자아실현을 극대화하는 방법을 모색하는 것이 중요한 과제로 대두되고 있다. 그렇다면 기업의 구성원으로서 마켓 4.0의 가치를 극대화하는 방법에는 어떤 것이 있을까? 구체적인 예를 통해 살펴보자.

일본의 사이타마현에는 산업폐기물을 다루는 이시자카산업이라는 업체가 있다. 그런데 지역주민들이 이시자카산업을 쫓아내기 위해 "이 지역에서 나가라"라며 반대운동을 전개했다. 1999년에 일어난 다이옥신 사고가 문제였다. 산업폐기물 업체에서 나온 오염물질이 농토를 오염시켜 막대한 손해를 끼치고 지역사회의 경제를 피폐화시켰다는 뉴스가 보도되자, 이시자카산업이 위치한 지역의 주민들도 반대운동을 펼치기 시작했던 것이다.

당시 최첨단 소각로를 도입하는 등 업계에서 선진화를 추진하는 기업으로 정평이 나 있던 이시자카산업의 초대 사장은 충격을 받았다. 그리고 위기에 처한 아버지를 돕기 위해 30세의 젊은 여성인 이시자카 노리코가 2대 사장 자리에 앉게 되었다.

노리코가 사장으로서 제일 처음 한 일은 기존의 소각로를 철거하고

40억 엔(약 400억 원)을 투자해 지붕이 밀폐된 상태로 먼지를 거의 내지 않는 공장을 건설한 것이었다. 동시에 산업폐기물을 재활용하는 사업을 전개했다.

그런데 이러한 투자에 대해 직원들이 반발했다. 무모한 투자로 회사의 재정이 악화되면 경영 위기에 빠질 것이 자명하다는 이유였다. 노리코 사장은 산업폐기물을 처리하는 기업의 존재 의의는 산업 발전의 대가로 나온 폐기물을 환경친화적인 형태로 처리해 다시 가치 있는 것으로 재생산하는 일이라는 인식을 갖고 있었다. 이에 근거해 직원들의 의식 개혁을 추진했지만, 노리코 사장이 취임한 지 반년 만에 직원의 40퍼센트가 회사를 그만두고 나갔다.

하지만 노리코 사장은 지역주민, 사회, 그리고 기업이 모두 행복할 수 있는 길이 자아실현의 궁극적인 목적이라는 사실을 잊지 않았다. 그리고 산업폐기물 처리 공장이 근처에 있다는 이유로 부모들이 아이들과의 공원 산책을 기피하는 점을 안타깝게 여겨, 여러 가지 생물을 만날 수 있는 공원 만들기 사업에 투자했다. 재활용 가치가 있는 산업폐기물을 활용해 공원을 만든 것이다.

이렇게 지역을 위해 공원을 만드는 프로젝트는 이시자카산업에 차가운 시선을 보내던 주민들의 마음을 바꾸었다. 그뿐만이 아니었다. 주민들이 공원에서 시간을 보내며 행복해하는 모습을 본 이시자카산업의 직원들도 자신의 일에 대한 가치를 다시 깨닫게 되었고, 이는 자아실현을 이루는 계기로 작용했다.

사회와 기업이 모두 행복해지는 길을 찾는 이시자카산업의 도전은 여기에서 멈추지 않았다. 지역에서 지구로 관점을 확대해, 세계적으로 유명한 휴양지인 인도네시아 발리가 도시의 폐기물 처리 문제로 시달리고 있다는 사실에 주목했다. 그리고 자신들의 재활용 기술을 사용해서 발리의 환경오염 문제를 해결하는 프로젝트를 추진했다.

이러한 이시자카산업의 사례는 사회와 기업이 같이 행복해지는 길을 모색하는 마켓 4.0 경영의 결정체라고 볼 수 있다. 특히 주목할 만한 것은, 산업폐기물 처리처럼 힘들고 거친 일을 하는 직원들과 소통하는 경영자가 남자일 것이라는 고정관념을 깨고 여성인 노리코 사장이 경영을 맡아 지역사회와 기업, 그리고 직원들이 자아실현을 이루는 성과를 만들어낸 점이다. 결국, 마켓 4.0 시대의 경영의 핵심은 고정관념에 갇힌 틀에서 벗어나 새로운 도전을 하는 것에서 발현되는 자아실현이며, 이것이야말로 진정 추구해야 할 목표라고 할 수 있다.

마케팅을 통한 기업의 부활

Insight 2

2016년, 일본 맥도날드는 제품에 이물질이 들어가 있다는 사실이 드러나면서 브랜드 이미지에 큰 타격을 입었다. 게다가 제대로 된 사후대처는커녕 이 사실을 축소하려 했다는 사실이 밝혀지면서, 맥도날드는 300억 엔(약 3,000억 원)의 적자를 내고 일본 진출 이후 최대의 위기에 봉착했다.

그 후, CEO인 카사노바를 중심으로 경영진은 현장을 찾아다니면서 소비자에게 반성의 마음을 전달했고, 철저한 품질개선을 통해 조금씩 신뢰를 얻어나갔다. 그런 한편으로, 맥도날드는 자사의 주요 고객층인 젊은이들의 마음을 되찾기 위해 새로운 마케팅 전략을 추진했다. 닌텐도의 '포켓몬 고$^{Pckemon\ Go}$'와의 컬래버레이션을 통해 고객에게 다가간 것이다. 실제로 포켓몬 고와의 협력이 이루어지자, 젊은 층은 다시 맥도날드에 관심을 보이기 시작했다. 다시 말해 맥도날드는 디지털 환경에 최적화된 마케팅 방법을 도입함으로써, 젊은 소비자들에게 맛과 재미라는 두 가지 요소를 만족시킨 것이었다.

소비자의 신뢰를 잃어버릴 정도로 치명적인 실수를 한 기업이 부활하기 위해서는 스스로의 반성만으로는 부족하다. 따라서 반성의 진의를 소비자에게 전달하는 마케팅과, 마음이 떠난 소비자를 붙잡을 수 있는 새로운 요소를 추가한 마케팅(마켓 4.0)을 병행하는 것이 중요하다.

기업을 둘러싼 리스크는 점점 다양해지고 복잡한 양상을 띠고 있다. 사고나 재해, 범죄 피해, 소송 제기, 법 제도의 개정, 환율 및 주가 변동 등 기업에 손실을 미치는 요인은 수없이 많고, 손해배상액의 상승이나 기술의 진보 등 주변 환경이 변화되면서 지금까지와는 다른 형태의 복합적인 리스크가 생기고 있다.

다행인 것은 인공지능과 빅데이터의 활용으로 더 효율적인 리스크 관리가 가능해질 것으로 기대된다는 점이다. 물론 현실적인 면에서 아직 빅데이터를 통한 인공지능 분석이 100퍼센트 리스크를 헤지한다고 볼 수는 없지만, 과거에 비해 리스크를 훨씬 더 정확하게 측정하고 관리할 가능성은 열려 있다.

한편으로 인공지능, 빅데이터, IoT를 활용한 사이버 시스템의 보안관리가 또 다른 리스크 요인으로 대두되고 있다. 이처럼 새로운 리스크가 생겨나는 가운데 제4차 산업혁명 시대를 살아가는 경영자들이 어떻게 리스크를 관리해야 할지 알아보고자 한다.

새로운 리스크와
리스크 관리 혁명

　　　　　제4차 산업혁명이 진행되는 가운데 우리는 역사상 유례를 찾아볼 수 없을 정도로 기업, 경영자, 소비자 모두가 긴밀하게 서로 연결된 시대에 살고 있다. 기업들은 현장, 구성원, 소비자와 상호 연결되어 있으며, 소비자 역시 각종 SNS를 통해 지인, 동료, 그리고 매체로부터 정보를 받아들이고 있다. 이 정보들은 빅데이터로 기업에 환원되고, 다시 제품과 서비스의 형태로 소비자에게 제공된다. 이와 같은 상호 연결된 세계는 기업과 소비자 모두에게 새로운 비즈니스의 가능성을 열어주기도 하지만, 동시에 새로운 위험을 초래하기도 한다.

　　제4차 산업혁명 시대의 리스크 관리에 대해 살펴보기 전에 반드시 염두에 두어야 할 것은 기업과 소비자, 그리고 기업 구성원들의 경제활동이 어떻게 변해가고 있는가 하는 점이다. 제4차 산업혁명이 독일에서 제창된 이후 진행되는 경제 생태계 역시 이전과는 다른 형태로 바뀌어가고 있기 때문이다. 지금의 상황을 보면 아마도 E2E^{Everyone-to-everyone} 경제 생태계 안에서 진행될 것이 분명해 보인다.

E2E 경제는 '고객 = 개인', '기업 = 조직'이라는 기존의 관계 자체가 상당히 모호해진 상태에서 상호 연결되어 있는 형태를 말한다. 즉 소비자와 기업, 그리고 구성원들이 적합한 상황에서 인지적 판단을 통해 긴밀한 조정을 이루어 기업과 소비자 모두가 만족하는 결과의 공유 관계를 형성한다. 그런데 이를 위해서는 기업들이 주의해야 할 부분이 있다. 그것은 인공지능과 빅데이터, 그리고 IoT와 같은 시스템 자체가 손상될 수 있는 사이버 리스크를 어떻게 헤지할 수 있는가 하는 점이다.

사이버 리스크, 즉 기술 자체에 심각한 오류가 발생한다든지 보안 시스템에 문제가 발생하는 것은 기술과 보안 부문의 문제에 그치는 것이 아니라, 제조 및 서비스의 공급 전체가 중단되어 소비자에게 막대한 손실을 가져온다.

게다가 이러한 사이버 리스크는 휴먼 에러에 의해 발생하기도 하지만, 자연재해 및 정치 불안과 같은 거시적인 환경 위험으로부터 발생하는 경우도 증가하고 있다.

예를 들어 2011년에 발생한 동일본 대지진의 경우, 당시 발생한 쓰나미는 세계 실리콘웨이퍼 생산량의 25퍼센트를 중단시켜 약 2억 3,500만 달러(약 2,600억 원)의 경제적 손실을 초래했다. 마치 캐스케이드 효과처럼, 손실이 폭포수같이 증가할 위험이 사이버 리스크에는 내재되어 있다.

기업들은 이러한 사이버 리스크를 예방하기 위해 나름의 자구책을 마련할 수밖에 없다. BMW는 빅데이터 분석을 사용해 제품과 프로세스의 문제를 탐지하여 해결함과 동시에 기업이 고객에게 제공하는 보증비용과 수리비용을 줄이고자 자체 솔루션을 개발했다. 미국의 항공기 제조회사인 보잉 역시 문제가 발생하는 것을 예방하기 위해 자동경고 시스템을 개발함으로써 종업원들의 작업 지시 확인에 소요되던 인건비의 65퍼센트를 절감하는 데 성공했다.

물론 이들 기업이 사이버 리스크를 방지하고 세심한 조정을 최적화하기 위해 리스크를 관리하는 것은 긍정적이며 문제될 것이 없다. 하지만 사이버 리스크에 대한 기업의 투자비용이 전체 재무 상태에 부담으로 작용한다면, 그것은 바람직하지 않다.

또한 사이버 리스크에 대한 예방을 이유로 소비자들의 불편을 초래하거나 과도한 개인정보 확인 등을 요구한다면, 그것 또한 E2E 경제의 틀 안에서 적합하다고 볼 수 없다. 따라서 기업들에게는 제4차 산업혁명 시대에 사이버 리스크를 적절한 비용과 유능한 인재들의 도움으로 어떻게 극복하는가가 중요한 과제이다.

인공지능을 활용한 시스템이 발전하면 할수록 빠지기 쉬운 또 하나의 함정은, 바로 기업 스스로가 구축한 안전관리 시스템에 대한 과도한 신뢰와 확신이다. 세상에 제로 리스크zero risk라는 것은 존재하지 않음에도 불구하고, 심리적이고 감정적인 안정감이 제로 리스크에 가까운 사고를 하도록 만들 가능성이 있다. 지난해 사이버 공격으로 큰 피해를 입은 혼다Honda의 사야마 공장에 대해 살펴보자.

당시 혼다는 사야마 공장이 사이버 공격을 당하자, 조업을 일시 중단하고 원인이 밝혀진 다음 날이 되어서야 조업을 재개했다. 일본의 자동차 생산 공장이 사이버 공격으로 조업이 중단된 것은 이례적인 일이었다.

혼다가 조업을 중단하게 만든 사이버 공격의 원인은 2017년 5월 전 세계에 일제히 확산된 컴퓨터 바이러스 '워너크라이WannaCry'로 공장의 컴퓨터가 이 바이러스에 감염되었기 때문이다. 이 랜섬웨어는 컴퓨터의 기능을 정지시켜놓고 화면 해제를 원하는 경우 돈을 지불하라는 메시지를 띄우는 특징이 있었다.

그런데 문제는 혼다가 이 바이러스에 감염되었다는 사실을 한 달이 지나서야 알게 되었고, 뒤늦게 조업 중단 결정을 내렸다는 사실이다. 실제로 바이러스 감염으로 인해 미니밴 '오딧세이'와 세단 '어코드' 등 약 1,000대의 생산 라인이 멈추었다. 그렇다면 혼다가 바이러스에 쉽게 감염된 이유는 무엇일까?

첫째, 외부 사이버 공격에 대한 방어를 철저히 하고 있는 데다 공장 내부의 시스템도 외부 인터넷과 차단된 자체 시스템으로 운영되고 있으므로, 바이러스에 감염될 여지가 없다고 방심했기 때문이다. 하지만 시스템의 업데이트 및 데이터 공유를 위해서는 외부 인터넷과 어떤 식으로든 연결될 수밖에 없다. 혼다는 이 과정에서 발생할 수 있는 문제를 간과한 것이다.

둘째, 외부에서 반입된 PC나 휴대폰, USB 메모리 등으로 인해 감염될 위험성에 대한 방어 준비가 충분히 되어 있지 않았다. 특히 공장이라는 공간의 특성상 유지 보수와 관련된 업무를 수행할 외부 기기의 반입이 빈번하고, 그 과정에서 검사가 안이하게 이루어진 것도 원인의 한 가지로 지적되고 있다.

혼다의 생산 공장에서 발생한 사이버 공격의 사례는 인공지능에 의한 안전관리 시스템이 구축되어 있고, 처음부터 외부와 차단된 시스템을 운영하고 있다고 하더라도, 결국 인간의 방심이 안전 시스템에 구멍을 낼 수 있음을 보여준다. 즉 사람이 관여하는 이상 인공지능을 활용한 시스템을 구축한다고 하더라도 100퍼센트 안전한 제로 리스크를 만들어내는 것은 불가능하다.

따라서 아무리 제4차 산업혁명의 흐름에 맞추어 인공지능, 빅데이터, 그리고 IoT를 활용한 리스크 관리 시스템이 구축되어 있다고 하더라도, 결국 사람은 어떤 상황에서든 리스크를 야기할 수 있는 존재임을 자각해야 한다. 동시에 휴먼 리스크의 관리에 항상 주의를 기울일 수밖에 없다는 사실을 인지하고 있는 것이 필요하다.

제4차 산업혁명 시대에 돌입한 후 현장에서는 산업용 안전 시스템이 보급되는 등 리스크 관리에 인공지능, 빅데이터, 그리고 IoT가 활용되고 있다. 그중에서 특히 빅데이터 분석과 인공지능을 활용한 리스크 관리가 활발히 진행되면서 경영진 회의에서는 자연스럽게 리스크 관리가 확실히 이루어졌는지를 확인하는 빈도가 높아졌고, 결국 리스크를 헤지하는 차원을 넘어 제로로 만들기를 바라는 분위기가 사내에 정착되기 시작했다.

하지만 제로 리스크를 지향하는 기업의 상황을 보면, 리스크가 줄어들기는커녕 오히려 기술자들의 도전의식을 위축시키는 결과가 나타났다. 기술자들이 기술 개발의 단계에서 당면할 수 있는 오작동, 정보 유출, 비용 초과 등의 리스크 부담을 안지 않으려고 하다보니 스스로 도전 의욕을 억제하는 결과로 이어진 것이다. 즉 인공지능과 빅데이터에 근거한 분석 결과를 기업의 리스크 관리에 적절히 활용하는 차원을 넘어, 그 결과를 기업의 의사결정자들이 무의식중에 신봉하기 때문에 이렇게 기술자들의 도전의식 억제라는 예기치 못한 현상을 야기시킨 것이다.

이처럼 기술자들의 도전의식의 결여를 방지하면서 동시에 인공지능, 빅데이터를 활용해 용인할 수 있는 리스크의 범주를 파악함으로써 적절히 리스크를 관리하는 것은 쉽지 않다. 물론 리스크란 어디까지나 미래에 발생할지도 모르는 미지의 사건이라는 데 본질적인 원인이 있다. 그러므로 일어날 수도 있고 일어나지 않을 수도 있는 리스크 때문에 100퍼센트로 준비해 대처하는 것은 정말 어려운 일이다.

하지만 앞서 언급한 혼다의 사례처럼 조업을 중단하는 결정을 내리는 경우, 그 결정에 따른 손실을 계산해보면 왜 사전에 리스크에 대처하지 못했는가 하는 아쉬움이 남는다. 또한 이런 아쉬움은 사전에 적절히 리스크에 대처하지 못한 경우에 가지게 되는 하나의 심정적 결과물이라고 생각된다. 그리고 이렇게 아쉬움을 느끼게 되는 원인은 바로 경영자가 리스크를 허용할 부분과 대처할 부분에 대한 고도의 판단을 내리는 데 실패했기 때문이라고 말할 수 있다. 그렇다면 경영자는 어떻게 알 수 없는 미래에 발생할 문제에 대해서 판단을 내려야 할까?

여기서 필요한 것이 인공지능과 빅데이터를 활용해 리스크 관리의 기본 공식인 '발생 확률×일어났을 때의 영향 정도'의 결과 수치를 분석하고, 그 분석된 내용을 리스크 관리의 판단 자료로 삼는 것이다.

또한 경영자는 조직의 별도 리스크 관리 위원회를 구성해 여러 사람의 의견을 모으는 것이 필요하다. 거기에서 한 걸음 더 나아가 리스크 관리의 분석 과정에서 기업의 독자적인 움직임보다는 동종업계 전체의 협력을 도모한다면 더 이상적인 형태가 될 것이다. 그리고 무엇보다도 리스크를 받아들일 수 있는 마음의 준비가 필요하다. 그 준비도 한 기업보다는 여러 기업이 협력하면 용이해질 것이다.

실제로 기업을 운영하는 입장에서 리스크를 일정 부분 허용하기란 쉽지 않다. 하지만 100년 전의 기업들보다 지금의 기업들이 훨씬 과학적인 방법으로 여러 가지 리스크에 대처해온 시간을 돌이켜보면, 무리한 제로 리스크를 추구하기보다는 역사의 흐름에 맞추어 조금씩 나은 길을 모색하고, 여유를 가지고 내일을 준비하는 것이 현명한 리스크 관리라고 생각된다.

새로운 리스크 관리에
도전하는 기업들

인공지능, 빅데이터, 그리고 IoT가 확대되면서 기업들은 리스크를 극복하는 것이 보다 용이해질 것으로 생각하고, 이를 활용한 리스크 관리 부문에 적극적으로 투자해왔다.

하지만 그 결과에 대해 만족하는 경우는 드물며, 오히려 리스크가 끊임없이 이어지는 경우가 적지 않다. 아무리 발전하더라도 기술의 역할은 리스크를 조절하는 의사결정을 용이하게 하는 것이지, 리스크를 완전히 제로로 만들어주지는 않는다. 리스크 관리에서 새로운 기술을 적절히 활용하면서 유념해야 할 원칙이 무엇인지 구체적 사례를 통해 살펴보자.

제로 리스크의 함정에 빠지다
딜리버루

제4차 산업혁명의 과정에서 확대되고 있는 '긱 이코노미 Gig Economy'를 대표하는 기업들의 특징을 살펴보면 재미있는 점이 있다. 이 기업들은 공유경제 시스템을 도입해 개개의 거래를 연결하는 비즈니스 모델을 구축함으로써, 일반적인 기업들에 비해 리스크를 억제하는 구조를 형성했다는 것이다. 실제로 우버Uber, 에어비앤비 Airbnb, 딜리버루Diliveroo로 대표되는 긱 이코노미 형태의 기업들은 창업 당시부터 제로 리스크 지향의 리스크 관리 전략을 추진해왔다. 그런데 지금 제로 리스크를 지향했던 긱 이코노미 기업들에게 한 가지 문제가 발생하고 있다. 어떤 문제인지 딜리버루의 예를 통해 살펴보자.

딜리버루는 레스토랑의 요리를 따뜻할 때 가정이나 사무실에 배달하는 사업을 주로 하고 있다. 이용법은 굉장히 단순하다. 회사의 웹사이트에 가입한 후, 늘어선 제휴 레스토랑 중에서 가게를 선택한 다음, 먹고 싶은 것을 주문하면 된다. 그리고 주문 시 식사비에 배달 수수료 2.50파운드를 추가해 카드로 지불하는 구조이다. 특히 주목할 만한 점은 요리를 만드는 레스토랑과 배달 라이더들이 딜리버루의 어떤 시스템에 소속되어 있는가 하는 것이다.

배달 라이더들은 모두 딜리버루에 소속되어 있기 때문에 월급을 포함한 모든 급여를 딜리버루에서 받는다. 한편, 제휴 레스토랑은 웹

사이트를 통해 주문이 들어간 시점에서 딜리버루로부터 주문 목록이 전송되면 요리를 만들고, 근처에 있는 배달 라이더가 오면 그것을 건네준다. 즉 레스토랑으로서는 배달원을 채용하지 않아도 되는 이점이 있고, 라이더들은 자전거만 가지고 딜리버루에 등록해두면 원하는 시간에 일을 할 수 있다는 이점이 있다. 특히 레스토랑의 경우는 배달하는 직원을 고용하지 않고도 음식을 배달하는 시스템을 가짐으로써, 기존 레스토랑이 안고 있던 인건비 부담을 해소하는 효과를 얻을 수 있었다.

이러한 특징을 가진 딜리버루는 단시간에 제휴업체와 라이더를 증가시켜나갔다. 게다가 빅데이터 분석을 통해 지속적으로 배달 시간을 단축할 수 있는 효율화를 추구함으로써, 유럽 각국을 비롯해 싱가포르, 두바이까지 사무소를 개설하는 등 규모를 확장했다. 현재 주식시장에서 6억 달러(약 6,700억 원)의 평가를 받을 정도로 성장했다.

하지만 성장가도를 달리던 딜리버루가 최근 노사 간의 리스크로 인해 곤경에 처해 있다. 얼마 전 계약관계를 맺고 있는 라이더들로부터 노동자로서의 지위 보장과 노동조합 인정을 요구하는 제소를 당해 기업 브랜드에 타격을 받게 된 것이다.

구체적으로 말하면, 딜리버루 라이더들이 노조 결성과 병가 임금, 휴가 급여, 국가 최저임금 및 연금을 보장받을 권리가 있다며 중재위원회에 제소하는 일이 발생한 것이다. 라이더들은 배달을 하지 않는 한 수익을 얻을 수 없으며, 배달 주문이 오기까지 기다리는 시간은 노동시간으로 산정되지 않는다는 것을 문제 삼았다. 즉 라이더들은 딜리버루가 돈을 버는 과정에서 아무런 대가도 지불하지 않으며, 결국 리스크는 레스토랑과 라이더들이 안고 있다고 주장했다. 이러한 점은 결과적으로 라이더들을 독립 계약자라는 명분하에 착취하고 있는 것이라고 했다.

이에 대해 딜리버루의 경영진은 다음과 같이 항변했다. "라이더들은 라이더 일 말고도 언제든지 다른 일을 원하는 시간에 할 수 있다. 라이더들이 긱 이코노미의 고용 유연성을 이유로 딜리버루와 계약했기 때문에 그들 스스로에게 책임이 있다."

양자의 대립에 대해서, 중재위원회는 딜리버루가 아무런 리스크도 안지 않고 실질적으로 근로자인 라이더들을 독립 계약자로 규정하는 것은 문제가 있다고 판단했다. 그러나 딜리버루가 중재위원회의 의견에 반발함으로써 결국 재판으로 확대된 상황이다.

긱 이코노미를 대표하는 기업의 하나인 딜리버루의 일련의 사태를 지켜보면서, 과연 기업에서 제로 리스크 전략의 구현은 가능한 것인가라는 점에 대해 다시 생각해보게 된다. 그동안 딜리버루를 비롯해 우버, 에어비앤비같이 공유경제를 대표하는 기업들은 공급자와 수요자의 신뢰에 근거한 거래를 중개함으로써 상호 원원하는 시스템을 만들어왔고, 이것은 높은 평가를 받아왔기 때문이다.

그러나 이번 딜리버루 라이더들의 제소 상황을 보면서, 이들 기업이 아무런 리스크를 취하지 않고 안정된 경영구조를 만드는 일이 어쩌면 누군가의 희생에 의해 이루어진 것은 아닌가라는 생각이 든다.

보다 본질적으로 접근하면, 기업으로서 제로 리스크를 추구하는 것이 얼마나 환상적인 일이며, 아무리 인공지능, 빅데이터, 로봇, 그리고 IoT가 발달하더라도 완벽한 제로 리스크란 과연 가능한가라는 의문을 가지게 된다. 실제로 제로 리스크를 추구한 기업의 문제점을 분석한 연구를 보면, 제로 리스크를 추구하는 기업은 반드시 은폐 체질이라는 문화가 자리 잡게 된다는 지적이 있다. 종업원들은 경영자로부터 리스크를 없애라는 지시를 받은 경우, 위험부담이 있음에도 불구하고 자신의 지위를 유지하기 위해 문제가 없다고 보고하게 된다는 것이다.

이러한 현상은 이미 30년 전에 발간된 제럴드 와인버그Gerald M. Weinberg의 『프로그래밍 심리학The psychology of computer programming』에 잘 설명되어 있다. 와인버그의 지적에 따르면, 조직의 최하층에서 큰 문제라고 하는 보고가 올라온 후 그것이 5~6단계를 거쳐 임원에게 도달할 무렵에는 "모두 잘됩니다"로 바뀌는 것이 일반적이라는 것이다. 즉 제로 리스크를 추구하는 경우, 결국 기업으로서 가장 피하고 싶은 리스크가 새로운 리스크로 자리 잡게 된다는 것이다. 그리고 사람의 마음에 의해 좌우되는 이런 리스크야말로 인공지능에 의해서도 극복하기 어려운 가장 심각한 문제이다.

따라서 아무리 기술이 발달하더라도 사람의 마음을 다치지 않게 매만지고 배려하는 자세를 원칙으로 하는 것이 제로 리스크 시대의 경영자들이 당연하지만 꼭 가져야 할 덕목이라고 생각한다.

리스크를 마케팅의 기회로 삼다
프로그레시브

보험업계는 불확실성을 상품화하다보니, 다른 업종에 비해 리스크 관리에 한층 더 적극적이다. 실제로 많은 보험회사가 빅데이터, 인공지능, IoT를 통해 비용 절감 및 업무의 효율화, 보험 가입자의 리스크 평가를 개선하기 위해 노력을 기울이고 있다.

미국의 대형 보험회사인 프로그레시브Progressive는 자체 개발한 시스템을 통해 사용자의 운전 상황을 파악하고 보험료를 산출하는 서비스 '스냅샷'을 제공하고 있다. 사용자가 자동차의 대시보드 아래에 있는 차량 진단 포트에 장치를 연결하면, 이 장치가 1일 주행거리, 급제동 횟수, 사고율이 높은 시간대에 얼마나 운전하고 있는지 등을 파악해 휴대폰으로 보험회사에 전송한다. 그리고 분석 결과 운전자의 상황이 안전하다고 인정되면 보험료를 최대 30퍼센트까지 할인해준다.

프로그레시브의 스냅샷 시스템은 운전자의 운전 방법에 따라 보험료의 비율을 결정하는 PHYD Pay How You Drive 형태이다. 이 시스템이 프로그레시브만의 오리지널 기술은 아니지만, 프로그레시브가 자사의 서비스에 맞추어 적절히 구성했다는 점은 주목할 만하다.

실제로 프로그레시브는 매년 스냅샷을 활용한 신규 보험계약을 200만 건 이상 달성하고 있으며, 연매출도 20억 달러 이상 올리고 있다. 시장 전체를 통해 보더라도, 미국의 자동차보험에서 차지하는 스냅샷과 유사한 계통의 시스템을 활용하고 있는 비율이 2020년에는 25퍼센트에 달해 매출이 300억 달러가 될 것으로 예상되므로, 향후 전망도 밝다.

프로그레시브의 스냅샷이 주목을 받는 또 다른 이유는, 지금까지 사고 위험성이 높다는 이유로 보험 가입이 어려웠던 젊은 운전자에게도 적극적으로 보험 상품을 판매할 수 있게 되었다는 점 때문이다.

미국의 보험업계는 인터넷, 소셜미디어의 발달에 따라 소비자 개개인의 요구와 가치에 적합한 서비스와 제품을 제공하지 않으면 회사가 시장에서 살아남지 못할 정도로 경쟁이 격화되고 있는 상황이다.

그러므로 자동차보험도 기존과 같이 연령, 성별, 차량 운전 지역, 사고 유무, 신용 히스토리(신용카드의 이용 및 상환 이력) 등을 기준으로 보험료를 결정하는 가격 모델을 따르기보다는 실제 운전 과정에서 수집된 빅데이터에 근거한 정보를 바탕으로 보험 가격을 결정하는 방식이 소비자의 지지를 받고 있다.

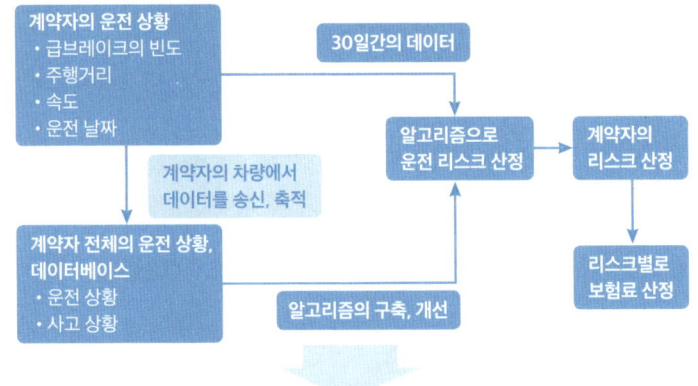

| 프로그레시브의 리스크 산정 방식 |

 실제로 뉴욕의 보험 컨설팅 회사 타워스왓슨Towers Watson이 실시한 소비자 조사에 따르면, 프로그레시브의 스냅샷과 같은 시스템을 활용하고 싶다는 의견이 79퍼센트에 달한다.

 여기에 스냅샷은 미국에서 사회적 이슈로 다루어지는 젊은 층의 교통사고를 줄이는 사회공헌적인 효과도 있다. 특히 인공지능을 10대 후반 운전자의 운전 진단 및 자동차 위치 추적에 활용한다. 따라서 부모는 자녀가 어디에서 운전 중인지를 파악할 수 있고, 운전하고 있는 자녀에게 조언을 할 수도 있다.

 이러한 시스템의 구축은 보험회사가 젊은 층의 운전자를 회피함으로써 리스크 관리를 추구했던 발상에서 벗어나 젊은 고객들에게 내재된 리스크를 어떻게 적절히 관리하는지가 중요하다는 사고로 전환한 결과물이라고 할 수 있다.

프로그레시브가 이렇게 젊은 고객을 배제하지 않고 받아들인 이유는 바로 제로 리스크를 추구하고 있지 않기 때문이다. 사실 자동차 보험의 경우 사고의 리스크를 제로로 하려는 것은, 적어도 지금의 현실에서는 거의 실현 불가능하다. 또한 보험회사는 리스크에 대한 대비를 상품화하기 때문에 제로 리스크가 실현된다면 보험회사의 존재 자체가 무의미해진다.

따라서 프로그레시브처럼 리스크 관리 전략을 세우는 데 빅데이터, 인공지능 등의 새로운 기술을 활용해 리스크를 적절히 조율하는 것은 긍정적으로 평가할 만하다. 즉 기업이 종래에 리스크 요인으로 배제해왔던 요소를 무조건적으로 배제하기보다는 제4차 산업혁명 시대의 기술을 활용해 위험한 리스크를 받아들여 새로운 비즈니스의 기회로 만들려고 노력하는 것이 중요하다.

리스크 관리의 허상이 가져온 위기
영국항공

최근 시스템 다운으로 물의를 빚은 영국항공British Airways은 항공업계에서 빅데이터를 활용한 리스크 관리를 선도하는 기업으로 알려져 있었다. 그렇기에 영국항공의 히스로 공항 사고는 업계에 적지 않은 충격을 주었다.

항공업계는 오래전부터 활주로 이탈 현상을 중요한 리스크 요인 중 하나로 분류하고, 이 문제의 해결에 고심해왔다. 물론 최근 항공업계 전체의 안전성이 높은 수준으로 향상되고 있다는 점은 부인할 수 없다. 하지만 활주로 이탈은 대략 연간 6퍼센트의 비율로 증가하고 있는 실정이다. 인명을 다루는 항공사에서 이 문제는 간과할 수 없는 과제이다.

영국항공은 다른 항공사들보다 빠르게 빅데이터 분석을 통해 활주로 이탈 방지를 위한 리스크 관리 시스템을 도입했다. 즉 비행 레코더(블랙박스)에서의 비행 현황 데이터, 과거 5년분의 사고(사고로 이어질 우려가 있었던 사건) 보고서, 200만 번 이상 이착륙한 항공기의 검사·정비 데이터를 활용해 안전관리를 추진한 것이다.

그러나 2017년 5월 27일 영국항공의 통신 시스템 장애로 런던 히스로 공항과 개트윅 공항의 출발편이 모두 결항되는 사고가 발생했다. 이때가 마침 공휴일을 포함한 3일 연휴 기간이어서 공항을 찾은 수많은 승객에게 상상 이상의 불편을 안겨주게 되었다. 시스템이 복구되기까지 600편 이상이 결항했고, 위탁 수하물이 돌아오지 않는 등 공항은 아수라장으로 변했다.

시스템 장애 기간 동안 피해를 입은 승객들에 대한 보상 등을 포함한 영국항공의 손해액은 약 1억 유로(약 1,280억 원)에 달한다. 이것은 영국항공의 연간 영업이익의 약 3퍼센트에 해당하는 금액이다. 즉 정보 시스템 부문의 리스크 관리의 오류로 인한 대가치고는 3일 만에 너무나 큰 손실을 입은 셈이다. 게다가 금전적 손실 이상으로 고객들로부터 신뢰를 잃어버린 것이 잠재적으로는 더 큰 손실로 작용하고 있다.

이렇게 데이터를 활용하며 항공업계의 리스크 관리를 선도하던 영국항공이 시스템 다운 사태를 겪자, 전문가들은 우려의 목소리를 내기 시작했다. 그렇다면 영국항공의 리스크 관리에 대해 불안을 야기한 시스템 다운의 원인은 무엇일까?

영국항공의 윌리 월시Willie Walsh 회장의 발표에 따르면, 히스로 공항에 있는 데이터센터 중 전원 하나를 하청회사의 전기기사가 실수로 잘라버린 것이 이번 시스템 다운의 1차적 원인이다. 문제는 전원이 정상적으로 복구되었음에도 불구하고 전력을 제어할 수 없는 상태가 지속된 것이다.

하청업체 직원이 전원을 꺼버리는 실수는 휴먼 에러로서 발생할 수 있다. 하지만 더 본질적인 문제는 따로 있다. 하청업체에서는 영국항공이 요구하는 조사에 적극적으로 임하고 있다는 추상적인 말만 하고, 영국항공 역시 시스템 장애에도 불구하고 소프트웨어에는 어떤 문제도 없다고 하면서 원인 규명보다는 단편적 해명에만 급급했다는 점이다.

더 심각한 것은, 이번 시스템 장애의 원인은 영국항공이 지속적으로 경비 절감을 위해 추진해온 구조조정과 업무 아웃소싱에 있다는 지적에 대해 경영진이 전혀 귀를 기울이지 않았다는 사실이다.

 영국항공은 경비 절감을 위해 후선의 관리부서, 즉 백오피스Back Office 인원의 정리해고와 기술 부문의 아웃소싱, 단거리 항공편의 기내식 유료화를 실시해왔다. 그 과정에서 하청업체에 대한 관리 부실과 기술 인력 부족 등의 문제가 발생한 것이었다.

 영국항공이 기술의 아웃소싱과 인력 감축을 추진하게 된 것은, 제4차 산업혁명의 흐름에 맞추어 빅데이터 분석과 인공지능을 통한 기술관리를 강화하고, 그에 따른 투자비용을 확보하기 위해서였다. 그러나 경비 삭감과 기술 부문 인력의 정리해고는 인적자원의 공백을 초래했고, 이것이 결국 기술 부문의 전체적인 지원 체제 공백으로 파생되면서 문제가 발생하고 말았던 것이다.

 시기적으로도 영국항공이 빅데이터 분석과 인공지능을 통한 시스템 관리가 완전히 이루어지기 전인 과도기적 상태, 즉 리스크 관리의 공백기에 사고가 일어났다는 것이 문제의 해결을 어렵게 했다고 볼 수 있다. 따라서 이러한 기술 발전의 과도기적인 상황에서 발생할 수 있는 문제를 예방하기 위한 리스크 관리를 실천하기 위해서는 다음 두 가지에 주목할 필요가 있다.

 첫째, 기술 인력의 인원 조정과 아웃소싱 혹은 빅데이터 분석을 위한 새로운 시스템을 추진하는 과정에서도 항상 하드웨어와 OS 같은 시스템 구성요소component를 감시할 수 있는 체제를 갖추는 것이 중요하다. 감시 시스템을 먼저 구축함으로써 시스템 전체에 장애가 발생하기 전에 그 징후를 발견하고, 그에 따라 대처하는 것이 가능하기 때문이다.

둘째, 리스크 관리의 우선순위를 제대로 정하는 것이 필요하다. 영국항공의 경우 빅데이터 분석을 통한 새로운 시스템을 도입하면서, 앞서 말한 활주로의 안전관리와 승객의 수요 예측을 통한 비행기 가격 결정 시스템과 같이 표면적으로 잘 드러나는 사업 부문의 리스크 관리에만 초점을 맞추어왔다. 반면에 경비 삭감을 추진하고 있는 기술 부문에서 자주 보이는 내재된 잠재적 리스크 관리는 후순위로 미뤄두고 있었다.

결국 상식적으로 문제 발생의 리스크는 기술 부문이 더 큼에도 불구하고 새로운 사업, 특히 빅데이터의 분석을 활용한 시스템의 미래 가능성에만 주목한 나머지 정작 주의해야 할 기술 부문에 투자를 하지 못한 점이 리스크 관리의 실패로 이어진 것이다.

따라서 기업들은 빅데이터와 인공지능을 활용한 새로운 시스템을 도입할 경우, 그 대신에 비용이 삭감되는 부문에서 문제가 발생하지 않도록 철저히 리스크 관리를 실시하는 것이 중요하다.

틈새 전략으로 문제를 해결하다
도어맨

인터넷 쇼핑이 일상이 되어가는 가운데 가장 큰 애로 사항은, 일 때문에 평일에는 거의 집에 없으므로 항상 퇴근길에 우편함에 남겨져 있는 수취인 부재의 표를 보고 번번이 다시 배달 일정을 잡는 일이다. 이와 같은 일상은 미국뿐만 아니라 한국, 일본, 영국 등에서 모든 사람이 똑같이 겪고 있다.

그런데 최근 미국 샌프란시스코에 본사를 둔 물류업체 도어맨Doorman이 이러한 문제를 해결하기 위한 공유경제형 서비스를 개발했다. 구체적인 내용은 뒤에 기술하기로 하고 간략히 정리하면 다음과 같다.

택배회사의 물건을 받기 힘든 사람들이, 어플을 이용해 중개자로서 자신의 도어맨을 등록해두면, 도어맨이 낮에 자신의 짐을 대신 받아두었다가 퇴근 후 저녁 시간에 배달해주는 서비스이다.

실리콘밸리를 대표하는 기업 중 하나인 픽사Pixar의 기술이사였던 잰더 에이델Zander Adell은 〈토이 스토리 3〉와 〈월-E〉의 디자인 및 코딩 작업을 담당한 인물이다. 원래 비디오게임 개발에 관심이 많았던 잰더는 '방치형 게임Idle Games'에 특히 주목하고 있었다. 그러던 중 그는 우버의 등장 이후 공유경제를 활성화하는 비즈니스 모델에 관심을 가지게 되었다. 당시 잰더가 도어맨을 창업하게 된 배경을 정리하면 다음과 같다.

우버가 사업을 시작하자 잰더는 완전히 우버에 빠져 이동할 때는 항상 우버를 이용했다고 한다. 그러던 어느 날, 잰더는 택배회사의 수취인 부재를 알리는 표를 받게 된다. 그는 항상 택배를 받지 못해 택배회사에 전화를 걸어 배달 일정을 조율하거나, 택배를 받기 위해 주말의 귀중한 시간을 집에서 보내야 하는 상황에 화를 내면서, 왜 택배회사에서는 헛걸음하는 직원과 물건을 못 받아 열받는 고객 양쪽이 겪는 불편을 해소하려들지 않는지 모르겠다고 생각했고, 우버와 같은 형태로 이 문제를 해결할 방법이 없는지 고민하기 시작했다. 그러다가 잰더는 자신의 불편을 해소하는 길은 스스로 원하는 서비스를 만드는 수밖에 없다는 결론을 내렸고, 마침내 도어맨이라는 서비스를 개발한 것이었다.

그렇다면 이 도어맨 서비스는 구체적으로 어떻게 제공되고 있을까?

서비스의 내용은 간단하다. 도어맨 서비스를 이용하고자 하면, 먼저 도어맨 주소(지역의 픽업 포인트 혹은 사용자의 메일박스)를 사이트에 입력한다. 그리고 택배가 도착한다는 메시지를 받으면, 자신이 원하는 배달 창을 사전에 예약해둘 수 있다. 자신의 배달을 담당하는 담당자(MyDoorman이라고 부름)의 주소를 구입하려는 사이트(아마존 등)에 등록한다. 그러면 도어맨이 택배회사로부터 받아둔 고객의 물건을 고객이 등록해둔 장소에 배달한다. 특히 이 서비스의 장점은, 고객이 여행이나 휴가를 갔을 때 온 택배를 MyDoorman이 자신의 보관창고에 최대 6주 동안 보관해준다는 것이다.

그런데 이 도어맨 서비스의 배달 시간이 독특하다. 도어맨 서비스의 배달 시간은 오후 6시부터 자정까지이며, 물건의 개수에 상관없이 한 번에 7달러만 지불하면 된다. 물론, 이 돈이 비싸다고 생각되는 분들은 도어맨의 서비스를 이용하지 않겠지만, 택배로 오는 물건들을 못 받고 수취인 부재 종이만이 쌓이는 경험을 한 직장인이라면 기꺼이 지불 가능한 범위의 비용이라고 할 수 있다.

어찌 되었든 이 도어맨 서비스의 가장 중요한 핵심은 서비스가 제공되는 시간대에 있다. 대부분의 직장인은 퇴근 후에야 택배를 받을 수 있다. 만약에 회사로 택배를 가져오도록 하면 업무에 지장을 초래할 뿐만 아니라, 무거운 짐을 다시 집으로 가져가야 한다. 그러므로 귀가한 이후의 시간대에 받는 것이 이상적인데, 택배회사들은 늦은 밤에는 서비스를 거의 하지 않는다. 그 때문에 도어맨은 오후 6시부터 자정이라는 시간대에 특화된 서비스를 제공하고 있는 것이다. 그리고 우버의 드라이버처럼 지역에 등록한 도어맨들은 수취인이 확실히 기다리고 있을 것이라는 정보에 근거해 배달하므로, 배달 직원의 업무 부담은 줄고 효율성은 극대화할 수 있다.

그런데 이 도어맨이 최근 제4차 산업혁명의 기술혁신을 대표하는 기업으로 부상하는 데는 또 다른 이유가 있다. 그것은 도어맨이 기존의 택배회사들이 고질적으로 안고 있던 '마지막 1마일Last One Mile' 문제를 해결하기 위해 빅데이터와 인공지능을 활용한 리스크 관리 시스템을 도입했기 때문이다. 그렇다면 도어맨이 빅데이터와 인공지능을 활용해 해결한 '마지막 1마일'의 문제는 무엇일까?

택배업계에서 오랜 기간 동안 해결하지 못하고 택배 업무의 내재적 문제로 여겨왔던 '마지막 1마일'이란, 지역의 배송 센터를 떠난 상품이 고객에게 전달되기까지의 마지막 구간을 뜻한다. 택배회사에서는 한 번에 배달 물건을 고객에게 전달할 수 있으면 좋겠지만, 수취인 부재 등으로 고객과 타이밍이 맞지 않으면 다시 배달을 해야 하고, 그럴 경우 당연히 업무의 효율성이 떨어지게 된다. 즉 수취인에게 전달되기 직전까지 교통체증을 겪지도 않고, 아무런 사고 없이 효율적으로 배송이 이루어졌다고 하더라도, 결국 마지막 구간에서 비용이 증가하는 비효율적인 결과가 발생하고 만다. 이런 경우 택배회사는 또 다른 운송비용이 발생하게 되고, 수취인은 물건을 전달받기까지 더 오래 기다려야 하므로 고객 만족도는 자연스럽게 떨어지게 되는 것이다.

이러한 '마지막 1마일'의 문제를 해결하고자, 도어맨은 수하물 보관 및 배송에 관한 손실 리스크를 줄이고 서비스를 최적화하기 위해 빅데이터와 인공지능을 활용하기 시작한 것이다. 이러한 기술 덕분에 도어맨은 배달 과정에서 수취인이 확실히 거주하는 시간대를 파악하고, 택배기사들이 배달하는 동선을 최적화하는 등 세심한 조정을 보다 구체적으로 실시하기 시작했다. 그러면서 자정까지로 되어 있던 서비스 시간을 새벽까지 확대하고, 낮에 짐을 받고 보관 및 관리하는 시간을 줄이는 방법으로 비용 리스크를 최소화한 것이다. 덕분에 도어맨들의 업무량도 상당 부분 줄어들었다.

도어맨은 그야말로 하이 리스크 시대에 E2E의 경제 생태계 안에서, 고객과 기업은 물론 구성원까지 이해관계자 모두가 만족할 수 있는 결과를 창출하는 방향으로 리스크 관리를 추진한 것이다.

그런데 재미있는 것은 도어맨 서비스가 어떻게 보면 한국에 더 적합해 보인다는 점이다. 왜냐하면 한국의 아파트 경비 및 관리 업무를 담당하는 분들의 업무 중 택배 보관은 상당한 부담이 되고 있는 실정이기 때문이다. 게다가 아파트의 택배 배달을 둘러싼 사회적 갈등이 끊이지 않고 있다. 이러한 점에 주목하면, 아파트 지역 내 도어맨이 등록되어 있으면 배달하는 직원의 신상에 대한 투명성을 확보할 수 있는 동시에 오후 6시 이후 배달이 가능하므로 경비실에 맡겨둘 필요가 없다. 그로 인해 경비 및 관리 업무를 담당하는 분들과 주민, 그리고 택배회사 모두가 지금까지 겪고 있던 많은 문제를 예방할 수 있으리라 생각된다.

불가항력 리스크에 대한 대안

금융업계, 유통업계, 그리고 항공업계에서 특히 민감하게 반응하는 리스크가 있다. 그것은 바로 '이벤트 리스크'로, 자연재해나 대형 사고, 정변, 테러 등 예기치 못한 사건에 의해 금융상품의 가치가 폭락하고 시장에 혼란을 야기하는 것을 뜻한다. 기업들에게는 가장 예측 불가능한 리스크이며, 특히 금융 및 항공업계에서 자주 이슈로 다루어지고 있다.

그런데 최근 일본의 전일본항공ANA이 제시한 이벤트 리스크 대안이 주목을 받고 있다. 그 대안이란 항공기 자체를 최신의 정보기술이 채용된 모델로 적극 업데이트하는 것이다. 이것은 전일본항공이 미국 금융위기(리먼 쇼크), 조류독감과 사스, 태국의 홍수, 아이슬란드의 분화 등 다양한 이벤트 위험을 데이터화해 분석한 결과, 이벤트 리스크에 대응하기 위해서는 두 가지 원칙을 지키는 것 외에는 대처 방법이 없음을 깨달았기 때문에 내린 결정이었다.

두 가지 원칙이란 첫째, 불가항력적인 이벤트 리스크에 대응하기 위해서는 연간 매출의 2개월분 이상의 현금Cash Flow을 반드시 확보해둔다. 둘째, 리스크 관리를 위한 투자는 기업의 가장 핵심이 되는 분야(항공 분야에서는 항공기, 금융 분야에서는 인적자원)에서 집중적으로 이루어져야 한다. 전일본항공은 이 두 가지 원칙을 지킨다면 자연재해와 같은 불가항력적인 이벤트 리스크를 최대한 헤지할 수 있다고 본다. 이는 경영자들이 위기 상황에 직면하더라도 당황하거나 불안해하며 불가항력적인 리스크 요인을 두려운 존재로 여기고 그것을 제로로 만들려고 무리수를 두는 대신, 침착하고 안정되게 리스크에 대처하게 만드는 이점이 있다.

제조업 분야는 대량생산 시스템의 구축과 컴퓨터를 활용한 자동화를 통해 지금까지 큰 발전을 이루어왔다. 특히 전기를 이용한 산업용 기계는 컴퓨터 제어를 통해 사람의 역할을 로봇이 대신하는 단계까지 이르게 되었다.

이런 진보적인 역사의 흐름 속에서 최근에는 IoT와 빅데이터 등 제4차 산업혁명 시대에 맞는 제조공정의 혁신을 통한 스마트 팩토리의 확대와, 사무현장에서 화이트칼라 직원을 대신하여 업무를 담당하는 디지털 레이버의 등장으로 지금까지와는 전혀 다른 의미의 혁신이 이루어지고 있다.

즉 생산현장과 사무실에서 어쩌면 더 이상 사람의 모습을 찾기 힘들지도 모르는, 그야말로 기업 내에서 사람보다 로봇이 더 많은 미래 소설 속의 판타지가 현실로 나타나고 있는 것이다.

이러한 노동자 부재의 생산현장과 사무현장의 변화 속에서 경영자들이 어떻게 혁신을 이루어야 할지, 그 방법에 대해 고민해보고자 한다.

노동자의 부재와
혁신의 딜레마

물론 인간은 자립해야 한다. 그러나 기계가 인간을 압도하게 되었을 때, 인간은 어떻게 해야 할까?

이것은 1955년 11월 『갤럭시Galaxy』라는 잡지에 발표된 필립 딕 Philip K. Dick의 단편소설 「자동공장Autofac」의 서두이다. 이 작품은 미래 세계에 인간이 만든 생산 공장에서 일하는 자동복제 로봇들이 인공지능을 통한 학습 과정을 거치면서 스스로의 제어 능력이 극대화되어 결국 인간의 문명사회를 파멸시킨다는 내용이다.

제4차 산업혁명이 진행되는 가운데 로봇과 인공지능이 발전하는 모습을 보면, 이러한 필립 딕의 예측은 몽상 혹은 환상을 넘어 어느 정도 현실성이 있는 것으로 생각된다. 특히 소설에 등장하는 완전자동화 공장이 현실화되고 있는 상황을 보면, 미래에 인간이 로봇의 지배를 받는다는 SF적인 이야기를 전혀 황당무계한 이야기로 치부하기는 어렵다.

실제로 미래학자인 레이먼드 커즈와일Raymond Kurzweil은 인공지능의 성능이 전체 인류의 지성의 총합을 넘어서는 특이점인 '테크놀로지컬 싱귤래러티Technological Singularity'가 2045년에 올 것으로 예측하면서, 이 시점에 노동력의 40퍼센트를 로봇이 대체하며, 이 이후의 인공지능의 미래를 예측하는 것은 불가능하다고 말했다. 즉 2045년까지 수많은 제조 분야에서 스마트 팩토리의 설립이 지속적으로 추진될 것은 분명하다고 볼 수 있고, 그러한 제조혁신의 흐름은 이제 멈출 수 없다는 것이다.

한편, 생산현장의 노동자뿐만 아니라 화이트칼라로 불리는 사무직 노동자를 대신하는 디지털 레이버Digital Labor가 등장해 생산현장은 물론이고 사무실에까지 노동자의 자리를 대체하려는 혁신이 이루어지고 있다. 따라서 생산현장에서 노동자의 부재를 초래하는 스마트 팩토리의 특징과 사무현장에서 노동자의 부재를 가져오는 디지털 레이버에 대해서 살펴보고자 한다.

제4차 산업혁명의 진화와 함께 등장한 스마트 팩토리(완전 자동화)의 움직임 속에서 확대되고 있는 완전 자동화 공장이란 무엇을 말하는 것일까? 먼저 완전 자동화 공장의 개념부터 알아보면, '완전 자동화 생산Lights-out manufacturing'이란 생산활동에서 인간의 노동력을 필요로 하지 않는 제조공정을 가리킨다. 즉 '조명이 꺼져 있어도 조업 가능한 공장'을 뜻하는데, 대표적인 예로 일본의 화낙 FANUC(Factor Automated Numerical Control: '공장 자동화 및 수치 제어'의 약어)이라는 기업의 완전 자동화 제조공장 시스템을 들 수 있다.

화낙은 로봇이 다른 로봇을 제조하는 과정에서 사람의 손을 빌리지 않고 제조하는 시스템을 구축해 로봇 간의 상호작용을 통해서 로봇을 제조하는 설비를 갖추고 있다. 실제로 화낙의 생산현장을 엿보면, 노란색의 수많은 로봇이 24시간 근무태세로 가동하면서 로봇을 생산하고 있다. 그리고 화낙의 로봇 제조에 대한 신뢰는 테슬라 모터스와 애플 등의 거래처가 절대적인 신뢰를 보내고 있다는 점에서 더 높은 평가를 받고 있다.

그런데 여기서 경영자들이 주목해야 할 것은 역시 완전 자동화 시스템에 기반을 둔 스마트 팩토리를 추진하는 일이 과연 모든 기업에게 필요한가라는 점이다. 물론 최근 제4차 산업혁명이 중요한 이슈로 등장하면서 완전 자동화로의 이전이 필요하다는 의견이 지배적이고, 실제로 생산현장에서는 사람의 손을 전혀 사용하지 않고 완전히 기계에 의해 생산기술을 구축하는 스마트 팩토리가 현실화되려는 움직임을 보이고 있다. 그 이유는 크게 두 가지이다.

첫째, 사람의 기술에는 항상 불확실성이 존재하기 때문에 경영자로서 그러한 불확실한 요인에 제품의 품질을 지속적으로 맡기는 것보다 로봇에 의해 제조되는 완전 자동화 라인을 구축하는 것이 훨씬 안정적인 경영 기반을 확립하는 길이라고 생각하는 경우이다.

둘째, 일본 마치코바町工場의 경우 기술자를 양성하는 일이 어려워지면서 새로운 인재 확보와 인재 육성이 여의치 않아 스마트 팩토리로 이행하려는 움직임을 보이고 있다. 게다가 완전 자동화를 추진하면 인재가 회사를 떠날 때 사실상 기업의 존속이 어려워지는 리스크를 헤지할 수도 있다. 따라서 오늘날 기업들이 추구하는 완전 자동화는 단순히 비용을 낮추는 것이 목적이 아니라, 보다 안정적인 품질과 경영 환경을 구축하려는 이유 때문이므로, 기업들에서 적극적으로 도입하려는 움직임을 보이고 있는 것이다.

하지만 스마트 팩토리를 추진하는 과정에서 불가피하게 발생할 수밖에 없는 문제가 있다. 그것은 스마트 팩토리의 추진과 함께 나타나는 노동자의 정리해고, 즉 노사 간의 마찰이다. 그런데 제4차 산업혁명이 진행되는 가운데 등장한 기업에서 노동자의 부재, 아니 정리해고를 통한 노사 간 갈등의 문제는 비단 생산현장에 한정되지 않는다. 사무현장에서도 디지털 레이버가 등장하면서 똑같은 문제를 안게 되었다. 그러므로 여기서 디지털 레이버에 대해 짚고 넘어가지 않을 수 없다.

생산현장에 인공지능, 빅데이터, IoT를 도입하는 스마트 팩토리가 확대되는 가운데 사무현장에서도 이와 같은 기술의 도입이 늘어나면서, 가상 지적 노동자인 디지털 레이버와의 협력이 중요한 이슈로 등장하고 있다. 디지털 레이버는 'RPA Robotic Process Automation'라고도 불리는데, 인간이 담당하고 있던 기존 업무를 인공지능과 빅데이터 분석 등의 기술을 활용해 자동화한 것을 의미한다. 단적으로 말하면, 지금까지 사람밖에 할 수 없다고 생각하던 업무를 자동화한 소프트웨어이다. 하지만 이러한 디지털 레이버가 사람이 담당하고 있던 업무를 수행하기 시작하면서, 사무직 노동자의 지위가 점점 위협을 받고 있다.

이처럼 생산현장과 사무현장의 직원들이 위협을 받고 있는 상황에서, 포르투갈 미뉴 대학교의 고란 푸트닉 Goran Putnik 박사 연구팀은 '클라우드 매뉴팩처링 Cloud Manufacturing'을 통해 노동자의 부재를 최소화하는 방안을 제시하고 있다. 구체적으로 살펴보면 다음과 같다.

연구팀은 기업들이 클라우드 매뉴팩처링을 도입하면, 클라우드화가 진행된 공장에는 완전 자동화가 이루어져 사람의 모습은 전혀 보이지 않고 로봇이 제품을 조립하는 것만 눈에 보인다고 한다. 하지만 클라우드 시스템은 공장을 움직이는 배후에 실제로 많은 노동자가 일하는 시스템이 형성되어 있다는 것이다. 왜냐하면 노동자들이 비록 공장에서는 떠났지만, 인터넷상에서 전용 SNS에 로그인하여 현장에서 보내오는 영상을 보면서 레이저 커터와 3D 프린터를 이용해 제품을 만드는 역할을 담당하고 있기 때문이라는 것이다.

고란 푸트닉 박사 팀은 연구실 내에 실험을 위한 설비를 갖추고, 생산현장에서 2,350킬로미터 떨어진 세르비아 대학에서 인터넷을 통해 기계를 제어하는 실험을 했다. 즉 연구팀은 대학 실험실에서 영상을 보면서 멀리 떨어져 있는 생산현장의 로봇들에게 작업을 지시했고, 로봇들은 작업 명령을 완벽하게 수행했다. 다시 말해 클라우드 매뉴팩처링을 통해 완전 자동화 공정에서 수행하고 있는 로봇을 원격으로 제어할 수 있는 노동자들의 재택근무가 현실화될 가능성을 보게 된 것이다.

이러한 가능성을 기업의 입장에서 분석해보면, 만약 언어적인 문제만 해결된다면 전 세계 어디에서나 뛰어난 기술자를 채용하여 생산현장에서의 작업을 담당하도록 하는 일이 가능해진다는 것이다. 그뿐만 아니라 노동자의 입장에서도 특정 지역의 특정 기업에 국한되지 않고 전 세계 어느 기업에서든 일할 수 있는 기회가 생기는 것을 뜻한다.

고란 푸트닉 박사 역시 이러한 가능성에 대해 언급하면서, 더 이상 기업들이 노동자를 채용하는 데 지역에 국한될 필요가 없고, 노동자를 생산현장 혹은 사무실에 머물게 하는 데 들어가는 비용 부담을 감당할 필요도 없으며, 그것이 바로 클라우드 매뉴팩처링 시스템의 장점이라고 설명했다. 그는 이 시스템이 우리가 상상할 수도 없을 만큼 비약적인 혁신을 가져올 것으로 전망하고 있다.

실제로 24시간 공장을 가동하는 것이 가능하다는 점만 보더라도 충분히 공감이 간다. 세계 각국에 있는 노동자들이 SNS를 통해 로봇을 제어하는 일이 가능하기 때문에, 지금보다 시스템이 훨씬 더 효율적으로 운영될 것이라는 점은 분명하다. 게다가 전 세계의 기술자들과 독립 계약의 형태로 고용계약을 맺게 되니, 노동조합과의 갈등이라는 노무관리 리스크도 어느 정도 헤지할 수 있다. 반대로 노동자들의 입장에서도 개개인의 능력을 바탕으로 기업과 독립 계약자로서의 관계를 형성하고, 그에 근거한 자신의 권리를 행사할 기회가 생긴다.

하지만 MIT의 에릭 브리뇰프슨Erik Brynjolfsson이 저술한 『기계와의 경쟁Race Against the Machine』에서 지적한 것처럼 기술혁신 과정에서 실업이 증가할 것은 분명하다. 그러므로 그 과정에서 초래되는 문제를 예방하기 위한 노력은 불가피하다. 그리고 바로 이러한 노력과 기술혁신을 조화롭게 아우르는 역할이 지금 경영자에게 요구되고 있으며, 이런 역할을 적절히 수행하는 경영자를 우리는 스마트 경영자로 부르게 될 것이다.

스마트 경영을 향한 기업들의 도전

　　제4차 산업혁명이 진행되는 가운데 제조 및 사무관리 분야에서 경영자들의 스마트 경영, 즉 스마트 팩토리의 확대와 디지털 레이버의 도입을 위한 움직임이 심상치 않다. 일자리 감소에 대한 노조 측의 반발이 예상되는 상황에서도 이러한 혁신을 향한 도전은 멈춤 없이 진행되고 있다. 그렇다면 기업들은 어떻게 생산현장을 스마트 팩토리로 확대해나가고, 사무현장에 디지털 레이버를 도입해 보다 효율적으로 운영되도록 도모하고 있을까? 여기에서는 구체적인 사례를 통해 그 움직임과 내재된 문제를 살펴보고, 경영자들이 스마트 경영의 주역으로 거듭나기 위해 수행해야 할 과제는 무엇인지 검토하고자 한다.

노동인구 감소에 대비한 스마트 팩토리 전략
캐논

일본의 제조업을 대표하는 기업 중 하나인 캐논Canon은 국내 디지털카메라 생산을 완전 자동화 공정으로 바꾸는 작업을 진행 중이다. 오이타의 생산 자회사에 약 130억 엔(약 1,300억 원)을 투자해 인공지능을 가진 로봇이 생산을 주도하는 공장과 연구개발 거점을 설립한 것도 그 정책의 일환이다. 실제로 완전 자동화 공장이 정상 운영되면 생산비용이 지금보다 20퍼센트 정도 절감될 것으로 기대된다. 그런데 캐논은 어떤 이유로 완전 자동화를 추진하게 된 것일까?

일본의 제조기업들은 지난 10년 사이에 생산 거점을 속속 해외로 옮겨갔다. 엔고가 진행되어 해외 진출이 용이해진 것도 있지만, 전 세계적으로 저가격대의 상품이 발매되면서 더 이상 일본 국내 생산으로는 채산이 맞지 않았기 때문이다. 그래서 캐논 역시 해외로 생산 공장을 옮겼다.

해외 진출 초기에는 일정 수익이 확보되었지만, 얼마 가지 않아 중국을 비롯한 신흥국의 경제성장과 함께 노동자의 임금이 전반적으로 상승하기 시작했다. 해외 진출 시 기대했던 만큼의 수익을 올리지 못하게 된 것이다. 이런 가운데 엔화가 강세에서 약세로 돌아섰고, 일본 노동자의 임금 상승이 멈추었다. 즉 굳이 값싼 인건비 때문에 해외에서 공장을 유지할 필요가 없어진 것이다. 일본 국내에서 공장을 가동해도 충분히 채산이 맞는 상황이 되었다.

하지만 제조기업들이 일본 국내에서 다시 생산하기에는 어려움이 있었다. 저출산 및 고령화로 인해 노동력이 부족한 상태였기 때문이다. 따라서 기업 내부에서는 자연스럽게 최소한의 인원으로 제품을 제조할 수 있는 체제를 구축할 필요성이 제기되었고, 곧 완전 자동화에 대한 검토가 시작되었다.

캐논의 경우 다른 제조기업과는 달리 일본 국내로 다시 생산 거점을 옮기면서 완전 자동화 시스템을 구축하는 데 신중한 태도를 보였다. 주력 제품인 디지털카메라가 사양 산업 분야였기 때문이다.

2010년대에 들어서면서 디지털카메라의 시장 규모는 스마트폰에 밀려 한 해 동안 35퍼센트나 감소했다. 카메라 마니아층을 대상으로 한 단가가 높은 렌즈 교환식 디지털카메라 시장도 약 17퍼센트 감소하는 추세를 보였다. 전문가들은 향후 디지털카메라 시장이 확대될 가능성은 매우 낮다고 분석했다.

그러나 캐논은 숙고 끝에 완전 자동화 시스템을 구축하는 도전에 뛰어들었다. 앞으로 저가격대의 디지털카메라만으로는 장기적인 수익을 확보하기 어렵다고 판단했기 때문이다. 오히려 다소 비용이 들더라도 기존의 디지털카메라가 아닌 다른 품목의 차별화된 제품을 만드는 것이 장기적으로 가능성이 있다고 보았다.

캐논은 1990년대에 컨베이어 벨트에 의한 '라인 생산' 방식을 추진했다. 그 후 작업자가 여러 조립 공정을 맡는 '셀 생산' 방식을 도입함으로써 생산 효율을 높이는 프로세스 혁신을 이루어냈다.

하지만 얼마 가지 않아 캐논, 소니, 그리고 니콘 등의 일본 기업이 장악하고 있던 디지털카메라 시장에 중국을 비롯한 신흥국의 기업들이 뛰어들었다. 저가격대의 디지털카메라가 출시되자, 소니 등의 일본 기업들은 대만 등 외부에 위탁해 생산하는 시스템을 도입했고, 국내 생산 공장을 축소시켜 가격 경쟁력 확보에 공을 들였다.

하지만 캐논은 외부에 위탁 생산을 하지 않고 자사 생산을 고집해 생산 능력을 높이는 것으로 경쟁에서 살아남는 방안을 모색했다. 그리고 2000년대 중반에 들어서 높은 기술력을 활용한 디지털카메라의 개발을 통해 경쟁사와의 차별화를 도모하고자, 사람과 기계가 결합해 제품 공정을 담당하는 '머신 셀 생산' 방식을 채택했다. 노동비용의 절반을 줄이는 경영 효율화를 이루어낸 것이다.

캐논은 여기서 멈추지 않고 한 걸음 더 나아가 완전 자동화 방식을 추진하기 시작했다. 물론 완전 자동화 공장이라고 해서 사람이 전혀 근무하지 않거나 로봇이 모든 일을 담당하는 것은 아니다. 실제로 제조 작업은 로봇이 담당하고, 사람은 로봇에게 명령을 내리며 생산 라인을 개선하는 업무를 담당한다. 20~30명이 담당하고 있던 생산 라인을 로봇이 맡으면서 노동력은 로봇을 관리하는 4~5명의 운영자로 축소되었다.

그런데 여기서 주목해야 할 것은, 완전 자동화에 사용되는 로봇과 각종 장비를 외부에서 개발해 도입한 것이 아니라 캐논이 독자적으로 개발했다는 점이다. 즉 캐논은 디지털카메라 생산 라인을 담당하는 로봇과 라인의 설계를 스스로 구축함으로써, 완전 자동화 시스템 자체를 상품화하기 시작했다.

그렇다면 이러한 캐논의 완전 자동화를 통한 제조혁신에서 우리가 주목해야 할 점은 무엇일까?

첫째, 캐논의 완전 자동화 공장 설립은 머지않은 미래에 발생할 숙련된 노동력 부족의 문제를 해결하려는 의도가 내포되어 있다. 일본은 저출산 및 고령화가 급속히 진행되고 있어 노동인구의 확보가 곤란한 상황에 놓일 것이 자명하므로, 바로 이 문제를 사전에 예방하기 위해 일본 내에 축적된 로봇 기술을 활용해 완전 자동화 공장을 추진한 것이다.

둘째, 디지털카메라 제조라는 정밀한 기술이 요구되는 제조현장에 로봇을 도입해 완전 자동화 시스템을 구축함으로써 정밀기술을 요하는 분야도 완전 자동화가 가능하다는 사실을 확인시켜주었다. 실제로 캐논은 각종 정밀기술 분야의 생산현장에 자사가 개발한 완전 자동화 시스템과 같은 모델을 공급하는 새로운 비즈니스 모델을 제시하고 있다.

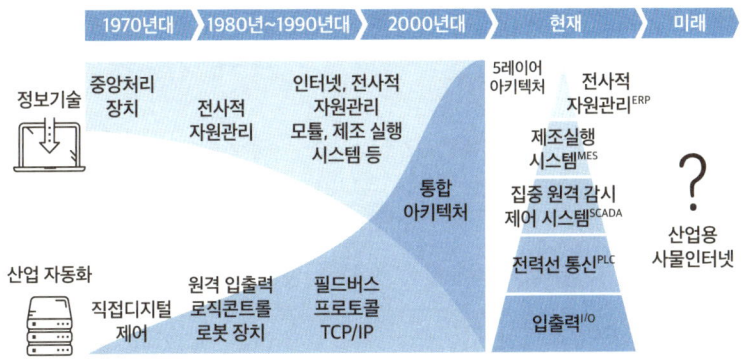

| IT와 생산 자동화의 통합 |

셋째, 캐논은 완전 자동화에 이르기까지 끊임없이 제조혁신을 추진해왔다는 사실이다. 특정 기업이 어느 날 갑자기 완전 자동화를 추진한다고 할 경우, 그러한 혁신에 대한 기업 내부의 수용이 쉽지 않다. 많은 초기 투자를 요하는 생산현장의 혁신은 위험 부담이 크다고 판단하기 때문이다. 하지만 캐논의 경우는 라인 생산 방식부터 완전 자동화에 이르기까지 지속적인 혁신의 과정을 거쳐왔기 때문에 완전 자동화를 통한 제조혁신이 보다 수월하게 추진될 수 있었다.

이러한 점에서 보면 완전 자동화로 불리는 스마트 팩토리의 완성을 추진하는 기업의 경영자는 시류에 편승해 완전 자동화를 도모하기보다, 자사가 그동안 생산현장의 제조혁신에 얼마나 많은 경험과 비전을 구축했는지를 충분히 살펴본 후 도전 여부를 결정하는 것이 중요하다고 할 수 있다.

점진적 진화를 통한 스마트 제조혁신
노빌리아

제4차 산업혁명의 제조혁신을 추진하는 과정에서 오늘날 가장 보편적으로 활용되고 있는 방식 중의 하나가 '다이내믹 셀 생산 방식'이다. 다이내믹 셀 생산 방식은 생산현장에 있는 로봇의 작업 수행 정보가 네트워크를 통해 실시간으로 전송되고, 그 정보를 분석한 결과에 따라 자유롭게 생산량을 비롯한 생산과정의 각종 판단을 유동적으로 실시하도록 하는 시스템이다.

따라서 고객이 제품마다 다른 디자인이나 구성, 주문, 기획, 생산, 배송 방식 등을 요구하더라도 적절히 대응할 수 있다. 실제로 이 방식을 도입한 기업들은 이미 생산 중인 제품이라고 하더라도 고객의 요구에 따라 대응할 수 있다. 자동차 생산공정의 변화를 그 예로 살펴보자.

일반적으로 자동차 생산 공장은 정해진 공정에 따라 진행되는 라인 형태가 주류를 이룬다. 그런 경우 자동차 생산을 위해서는 많은 제조 기계로 구성되어 있는 라인을 짜지 않으면 안 되기 때문에 제품의 사양을 다양화하는 것은 쉬운 일이 아니다.

물론 이러한 생산 라인에도 MES(제조 실행 시스템)를 도입해 생산 라인의 유연성을 일정 부분 확보할 수는 있지만, 생산 라인을 구성하는 하드웨어의 제약으로 인해 활용 가능한 기능이 제한되어 있는 실정이다. 또한 생산 라인에서 일하는 사람들도 개별 현장에서는 전체상을 파악할 수 없기 때문에 정해진 역할을 위한 작업만 수행한다.

이러한 한계를 극복하고자 기업들은 다이내믹 셀 생산 방식을 도입하기 시작했고, 그 대표적인 기업이 유럽 최대의 주방 메이커인 독일 기업 노빌리아Nobilia이다.

노빌리아는 매일 2,600세트, 연간 58만 세트를 생산하는 고급 주방 인테리어 업체이다. 게다가 노빌리아 제품은 모두 특별 주문 사양으로, 독일 베스트팔렌 지방에서 생산하고 있다.

이처럼 인건비가 많이 드는 방식의 제품을 생산하다보니 노빌리아의 가장 중요한 과제는 생산비용을 절감하고 효율성을 높일 수 있도록 제품 제조를 혁신하는 일이었다. 그래서 도입한 것이 다이내믹 셀 생산 방식에 근거한 자동 생산이다.

노빌리아의 제품 생산공정은 재료를 부품으로 가공하는 '전前 공정'과 부품을 완제품으로 조립하는 '후後 공정'으로 나누어진다. 그런데 바로 이 전 공정과 후 공정에 완전히 다른 각각의 IT 기술이 활용된다.

먼저 전 공정에서는 부품 및 용도마다 다른 조립용 구멍의 위치를 모두 오라클에서 작동하는 데이터웨어 하우스에서 관리한다. 예를 들어 드릴로 구멍을 낼 때 나타나는 스핀 모터의 전류와 전력, 모터 및 워크의 진동, 구멍의 형성 과정과 칩의 형상, 온도 등 모든 생산공정의 데이터가 수집되고 관리, 기록되어 부품 품질의 최적화를 위해 활용된다.

후 공정에서는 개별적으로 주문이 들어오면 이미 가공되어 축적된 부품들 중에서 개별 주문마다 필요한 부품을 선정하고 피킹된 부품에 개체 식별을 위한 RFID 태그 및 바코드를 붙인다. 이러한 단계를 거치면서 노빌리아 주방 세트의 각 부품들을 개별적으로 식별할 수 있게 된다. 즉 주방 세트의 각 부품들이 하나의 주민등록증과 같은 개별 정체성을 가지게 되는 것이다.

이렇게 후 공정을 거치면서 부품들이 개별적으로 식별이 가능해지면 어떤 혁신이 일어나게 될까? 간단히 말하면 정체성을 가지게 된 부품들의 경우 어떤 고객으로부터 주문을 받았고, 주방 어디에 들어가는 부품이며, 언제 어디에 부품이 활용되어 언제 어디에 배달되었는지를 쉽게 파악할 수 있다. 또한 그렇게 함으로써 기업은 개별 부품의 문제 발생 시 그 원인을 규명하는 데 걸리는 시간을 줄일 수 있고, 동시에 그러한 분석들은 조립 공정의 지속적인 최적화 작업을 용이하게 하는 데도 도움이 된다.

노빌리아는 이렇게 부품에 정체성을 부여하는 다이내믹 셀 생산 방식을 '와이어 제조Manufacturing by Wire'라는 독자적인 이름으로 부르며 제조혁신에 적극적으로 활용하고 있다. 실제로 이 방식을 활용해 불과 2,500명의 직원으로 1조 3,000억 원의 매출을 올리고 있다.

노빌리아가 추진하고 있는 다이내믹 셀 생산 방식의 특징을 정리하면 다음과 같다.

첫째, 이 방식은 고객의 요구에 완벽하게 들어맞는 맞춤형 디자인 주방 세트를 제조하는 핵심적인 기능을 담당한다. 그뿐만 아니라 차량 관리를 제어하는 과정에서 고객의 배송 루트를 최적화하는 시스템을 구축함으로써 점점 다양해지는 고객의 요구에 대응할 수 있다.

둘째, 각 부품에 정체성을 부여함으로써 제조공정에서 부품 및 생산에 관한 모든 데이터의 투명성과 유연성을 확보한다. 따라서 각종 변수에 의한 생산 시스템의 변경이 요구될 때에도 유연하게 능동적으로 대처할 수 있다.

이와 같은 노빌리아의 생산현장에서 스마트 팩토리를 위한 과정을 살펴보면, 경영자에게 중요한 것은 유연한 사고에 기반을 둔 대처 능력이라고 할 수 있다. 제조현장에서 노동자의 자리가 줄어드는 고용의 문제도 중요하지만, 기술을 적절히 활용해나가는 것 또한 경영자가 주목해야 할 부분이다. 그러므로 어떤 목표를 설정했을 때, 그 구체적인 계획에 맞추기 위해 무리한 운영을 하기보다는 유연성 있게 문제를 해결해나가는 것이 중요하다. 이것은 전략병에 걸리지 않으려는 경영자의 노력이 생산현장의 혁신을 위해서는 반드시 전제되어야 한다는 점을 시사해준다.

로봇이 대체 불가능한 인간의 가치 발견
발뮤다

　　무더위가 찾아왔다. 올해도 어쩌면 전력 부족이 되지 않을까 우려하는 소비자들이 적지 않다. 그래서인지 많은 소비자가 절전의 필요성을 강하게 느끼고 찾게 되는 것이 선풍기다. 그런데 독특한 선풍기를 개발해 일본을 대표하는 디자인 벤처기업으로 성장한 기업이 있다. 바로 발뮤다Balmuda이다. 2003년 창업한 발뮤다는 전원 코드를 연결하지 않고 사용할 수 있는 소형 선풍기 '그린팬 미니'를 출시해 주목을 받았고, 이제는 토스터, 공기청정기, 밥솥에 이르기까지 생활가전 업계에서 선풍적인 인기를 끌고 있다.

　　발뮤다가 주목을 받고 있는 이유는 항상 새로운 상품 가치를 제안함으로써 기존 제품에 새 생명을 불어넣어왔기 때문이다. 실제로 우리 주변 어디에서나 볼 수 있는 제품을 발뮤다가 만들면 새로운 생물처럼 되살아난다. 세상에 수많은 선풍기, 토스터, 공기청정기, 밥솥이 있지만 발뮤다가 만들면 다르다는 것이다.

　　그렇다면 발뮤다가 다른 제품과 차별화된 평가를 받는 이유는 무엇일까? 그것은 바로 경영자가 생산현장의 혁신을 추구하는 과정에서 '가장 근본이 되는 제품의 아이디어는 사람에게서 나온다'는 신념을 바탕으로, 노동자들의 창의성을 중요시하는 경영철학을 가지고 있기 때문이다.

발뮤다의 테라오 겐寺尾玄 사장은 자신이 좋아하는 것을 만들면 소비자의 지지를 받을 것으로 생각했다. 하지만 결과는 심각한 적자였다. 그 이유를 분석하고 내린 결론은, 자신이 좋아하는 제품이 아니라 '많은 사람이 필요로 하는 제품 만들기'가 제조업의 기본이라는 사실이었다. 그리고 그러한 소비자의 생각을 파악하기 위해 빅데이터를 분석하기 시작했고, 그 결과 생산현장과 사무현장에서 추구해야 할 혁신의 방향으로 내세운 것이 '기술경영'이 아닌 '기술 디자인 경영'이었다. 즉 기존 가전제품의 고정관념에서 벗어나 새로운 가치를 부여한 새로운 스타일의 가전제품, 즉 어느 공간에 두어도 아름다운 예술작품 같은 가전제품을 만들어낸 것이다.

물론, 발뮤다도 스마트 팩토리와 같은 완전 자동화와 디지털 레이버 같은 사무운영의 효율화를 추진하는 일의 중요성을 인식하고, 그러한 방향으로 점진적으로 진행해나갈 것으로 생각된다. 하지만 그에 앞서, 제품의 근간인 디자인을 중시한 혁신을 도모하는 원칙을 세우고, 각 노동자의 창의성을 생산공정과 사무운영에 어떻게 담을지를 고민했다.

오늘날 많은 경영자가 제4차 산업혁명 시대에 기술경영을 이야기하면서 연구와 개발에 몰두하고 있다. 하지만 그런 과정에서 간과하기 쉬운 것이 바로 디자인의 중요성이다. 아무리 성능이 좋다고 하더라도 너무 이질적인 제품은 자신의 공간에 놓아두고 싶지 않은 것이 소비자의 심리이다.

인공지능, 빅데이터, IoT와 같은 제4차 산업혁명의 요소들을 활용해 스마트 팩토리와 디지털 레이버 같은 하드 부문의 혁신에 노력을 기울이는 것도 중요하지만, 인간만이 가진 감성에 근거한 디자인에 주목해 소프트웨어를 적절히 조화시켜나가는 것도 필요하다고 생각된다.

감정노동의 희망, 디지털 레이버
버진 트레인즈

디지털 레이버가 등장한 후, 기업들 사이에서는 화이트칼라 직종이나 백오피스의 반복적인 업무 프로세스를 자동화하는 소프트웨어 로봇 또는 시스템을 도입하려는 움직임이 활발하다.

일반적으로 로봇이라고 하면 앞서 살펴본 캐논과 같은 생산현장에서 특정 작업을 맡아 임무를 수행하는 산업용 로봇을 가리키는 경우가 많다. 하지만 디지털 레이버는 생산현장이 아닌 사무현장에서, 그것도 인사 및 재무 등의 업무 영역에서 인간의 움직임을 대신하는 시스템이다. 즉 기업들의 고객 지원, 회계, 회계, 재무, 인사, 노무, 법무 등 사무작업 현장에서 인간이 정보를 지속적으로 파악하고 이해하는 것, 또는 반복적으로 행해지는 수작업을 인간을 대신해 담당하고 있는 소프트웨어이다.

구체적인 예를 들면, 메일로 보내온 정보를 담당 부서에 알리는 작업, 전화 내용을 알아듣고 그것을 데이터로 입력하는 작업, 문의 유형을 유형화하고 적절한 대답을 안내하는 작업, 자사의 채용 기준에 맞는 구직자를 판별 및 평가하는 작업, 회계 처리를 위해 영수증을 정리하고 PC의 회계 소프트웨어에 입력하는 작업 등에 인간을 대신해 디지털 레이버가 관여한다.

그리고 이러한 작업들을 수행하도록 하는 핵심 기술이 바로 인공지능이다. 즉 기존에 인간이 해온 반복적인 업무를 소프트웨어 로봇이 대체하기 위해서는 로봇에게 인간처럼 혹은 그 이상으로 주어진 정보를 정확하게 '인지'하는 능력이 요구되고, 그러한 능력을 발휘하기 위해서는 인공지능의 역할이 중요하다.

가령 고객으로부터 불만을 토로하는 전화가 왔다고 가정하자. 기존의 형태라면 고객 지원 담당자가 내용을 이해하여 유사한 사례가 있었는지를 조사하고, 그 결과에 따라 대응하는 과정이 필요하다. 바로 이때, 디지털 레이버를 도입해 클레임 대응을 자동화하는 것이 가능하다. 그렇다면 실제로 어떻게 클레임 대응을 자동화할 수 있을까?

디지털 레이버는 클레임 대응을 위해 먼저 고객이 무엇을 말하고 있는지 정확히 파악한다. 즉 '음성 인식' 기술과 '자연 언어 처리' 기술을 바탕으로 고객의 클레임의 의도를 이해하는 것이다. 여기서 한 걸음 더 나아가 과거의 유사한 사례를 데이터베이스에서 찾아내는 '추론 탐색' 기술을 활용해, 클레임 대응과 답변을 자동화함으로써 다양한 고객의 클레임에 대응하도록 한다. 이 외에도 '인지 = 읽기' 할 수 있는 기술을 로봇에 도입해, 청구서나 영수증 등 아날로그 데이터의 처리를 자동화하는 작업이 진행 중이다.

그런데 현재 인공지능 기술이 급속히 발달하면서, 실제로 이러한 기술을 탑재한 인공지능을 활용해 디지털 레이버를 도입하는 기업의 수가 증가하고 있다. 그 대표적인 기업 중 하나가 바로 영국의 철도 사업자 버진 트레인Virgin Trains이다.

버진 트레인은 1997년에 출범한 영국 철도회사로 런던 유스턴 역에서 서해안 본선의 중장거리 열차 등을 운행하고 있으며, 버진그룹(51퍼센트)과 버스 운송업 부문을 대표하는 기업인 스테이지코치그룹(49퍼센트)의 합자회사 형태로 운영되고 있다.

그렇다면 여기서 버진 트레인이 어떤 형태로 인공지능 기술을 내재한 디지털 레이버를 도입했는지 구체적으로 살펴보자. 버진 트레인은 디지털 레이버를 활용하면서 먼저 지연된 열차의 환불 작업을 자동화하기 시작했다. 즉 디지털 레이버 시스템이 고객의 메일을 수신하면, 자연 언어 처리 기술을 활용해 포함된 텍스트의 의미 감정을 이해하고 내용을 분류한다. 그리고 그 내용을 분석해 고객의 불만이 있다면 식별해내고 디지털 레이버가 환불 처리를 실시한다. 즉 메일 수신에서 환불 작업에 이르는 일련의 과정이 인간의 손을 거치는 일 없이 전체 프로세스가 자동화되어 있는 것이다. 실제로 버진 트레인은 기존 작업 처리 시간 및 고객의 이메일에 대응하는 수작업 시간을 85퍼센트 절감하는 데 성공했다.

버진 트레인이 디지털 레이버를 도입하자, 원래 환불 처리 등 고객 상담 업무를 담당하던 직원들은 지원업무로 이동했고, 디지털 레이버 덕분에 그들은 산더미처럼 쌓인 영수증 더미 속에서 지내던 일상에서 벗어나게 되었다. 또한 고객의 잇따른 클레임 대응으로부터 받던 스트레스에서도 해방되었다. 실제로 버진 트레인의 경영진은 디지털 레이버를 활용한 이후 업무 시간 단축, 서비스 품질 향상 등 비즈니스 가치의 향상이 이루어졌다고 평가하고 있다.

하지만 디지털 레이버의 도입을 검토하는 기업이 증가하면 증가할수록 자신들의 일자리를 빼앗길지 모른다는 직원들의 위기의식도 상승하고 있다. 그 때문에 버진 트레인의 경영진들은 향후 디지털 레이버 시스템을 더욱더 확대해나갈 경우 발생하게 될 노사 간의 갈등을 어떻게 해소해야 하는가라는 과제를 안게 되었고, 실제로 고민에 빠져 있다.

그런데 디지털 레이버를 도입함으로써 발생하는 잉여 인력에 대한 구조조정의 문제는 비단 버진 트레인만의 문제가 아니라 디지털 레이버를 활용하는 모든 기업이 공통적으로 안고 있는 문제이다.

노사 간의 갈등에 관해 연구하고 있는 런던정치경제대학LSE의 레슬리 윌콕스Leslie Willcocks 교수는 디지털 레이버의 도입으로 인한 사무현장의 구조조정을 둘러싼 문제에 대해 다음과 같은 주장을 펼치고 있다.

"디지털 레이버의 도입은 한순간에 추진하는 것이 아니라 단계적으로 추진해 실험과 검증의 과정에서 인간이 디지털 레이버를 받아들이는 마음의 준비를 할 시간을 가지는 것이 필요하다. 또한 디지털 레이버를 사내에 확대하기로 한다면, 그 운영에 대한 제도적 장치를 마련해 노사 간의 갈등을 예방하기 위해 노력해야 한다."

솔직히 필자의 입장에서 보면 윌콕스 교수의 이러한 지적은 너무 원론적이고, 실제로 각 기업의 상황이 다르다보니 속 시원한 해결책으로 여겨지지 않는다. 어느 기업이든 디지털 레이버를 도입할 때 구조조정이 필요하다는 사실은 알고 있다. 직원들도 구조조정이 진행될 것이라는 사실을 잘 알고 있다. 문제는 알면서도 경영자와 노동자의 입장이 다르다보니, 그 해답이 떠오르지 않아 고민인 것이다.

따라서 기업들이 디지털 레이버를 도입하는 것이 시대의 흐름이라면, 경영진은 한시라도 빨리 노동자들이 새로운 일자리를 찾는 것이 용이하도록 재취업을 위한 지원책을 마련해 추진해야 하고, 노동자들도 대립과 노동쟁의만으로 디지털 레이버라는 거대한 물줄기를 막을 수 없다는 사실을 인지하고, 가능한 한 빨리 기업을 떠나 살아갈 수 있는 길을 모색해야 한다.

어떤 지원책을 도입할 것인지, 어떻게 기업을 떠나 살아갈 것인지에 관한 해답은 누가 가르쳐주지 않는다. 경영진과 노동자 모두 자신의 삶을 책임지는 한 사람으로서 스스로 생각해서 결정을 내려야 한다. 그렇게 해야만 경영진과 노동자는 디지털 레이버에 책임을 전가하지 않으며, 그들이 시대의 변화 속에서 부딪친 선택의 상황에서 스스로가 납득할 만한 선택을 했다고 생각하고, 보다 능동적으로 다른 길로 나아갈 수 있기 때문이다.

Insight

기술혁신의
주인공은 여성

제4차 산업혁명이 진행되는 가운데 스마트 팩토리와 디지털 레이버의 도입을 통한 혁신을 추진하는 기업이 증가하고 있다. 그리고 많은 전문가가 머지않은 미래에 이 두 가지 시스템을 도입하는 기업의 수가 압도적 다수를 차지할 것으로 예견하고 있다. 그런데 여기서 한 가지 확인해볼 문제가 있다.

스마트 팩토리와 디지털 레이버를 도입할 경우, 생산현장과 사무현장에서 일하던 노동자의 수가 줄어들 것이라는 사실이다. 실제로 이 문제에 대해 노동자들은 우려를 표하고 있지만, 더 본질적인 문제는 생산현장과 사무현장의 주체가 이제 사람이 아니라 로봇으로 바뀌고 있다는 점이다.

하지만 아무리 로봇이 스마트 팩토리와 디지털 레이버로서 중요한 업무를 수행한다고 하더라도, 이 시스템의 운영 방향을 정하는 것, 전체 관리를 책임지고 로봇을 제어하는 과정에서 의사결정을 총괄하는 것은 여전히 사람의 몫이다. 그리고 그 업무를 수행하는 것이 바로 CTO(Chief Technical Officer 혹은 Chief Technology Office)로 불리는 경영자의 역할이다. 그렇다면 CTO는 어떤 형태로 생산현장과 사무현장의 기술혁신을 추진하고 있을까?

예를 들어 GE의 CTO는 새로운 생산현장과 사무현장의 혁신의 흐름에 맞춰 기업 자체를 변화시키는 역할을 수행해왔다. 공장을 세련된 형태로 재구성하고, AI 및 기계 학습을 바탕으로 재무 부문의 투자 분석과 데이터 분석을 실시하며, 그러한 분석 결과를 바탕으로 기업의 미래 전략을 추진한 것이다. 즉 GE의 경우에 근거해서 살펴보면, CTO의 역할이란 단순히 완전 자동화 시스템의 도입처럼 새로운 혁신을 이루는 것이 아니라, 생산공정 및 사무현장에서 문화적인 부분까지 영향을 끼치는 역할을 수행한다고 할 수 있다.

결국 이런 점에서 보면, 기업에서 혁신을 추진하는 주체는 사람의 영역이라고 할 수 있다. 특히 문화적인 부분에까지 영향을 끼치는 점에 주목하면, 과연 기술혁신을 주도할 이는 어떤 사람일까 생각하게 된다. 바로 여기가 주의 깊게 살펴야 할 부분인데, 기존의 가치관에서 벗어나 사람의 역할이 무엇인지 고민하기 위해서는 기존 기업 내의 생산현장과 사무현장을 다른 시점에서 보는 인재를 등용하는 것이 필요하다는 사실이다.

실제로 이러한 문제의식을 가진 기업에서는 CTO와 같은 남성 중심의 역할로 여겨지던 부분에 여성 인재를 등용해 과거의 시점과는 다른 각도로 사람의 역할에 대해 고민하려는 움직임이 나타나고 있다. 그렇다면 왜 CTO와 같은 남성 중심의 역할에 여성을 등용하는 것이 의미가 있는 일일까?

지금까지 생산현장과 사무현장에서 혁신의 주체는 남성 중심으로 이루어져온 것이 사실이다. 여성 생산기술직 전문가보다 남성 전문가의 수가 많았던 것은 역사적으로 부인할 수 없다. 또한 사무현장에서도 여성보다 남성 관리직 종사자가 더 많은 실정이다.

그러나 IoT, 3D 프린팅, 클라우드 및 빅데이터 관리와 같은 새로운 기술이 도입되면서, 이제 여성이 혁신을 이루는 주체로서 활약할 수 있는 환경이 조성되고 있다. 실제로 과거 제조현장의 이미지가 남성 중심의 공간이었다면, 완전 자동화가 실현되는 공장에서는 기존의 성별로 역할 분담이 되던 벽이 허물어지고 있다. 동시에 사무현장도 디지털 레이버의 지원에 힘입어 남성과 여성의 역할 구분이 무의미해지고 있다.

이러한 점에서 보면, 여성 인재를 혁신의 과정에서 주요한 역할을 담당하는 주체로 등용함으로써 기업들은 지금까지 남성 중심의 사고에 근거해 이루어지던 기술혁신의 틀을 새롭게 재편할 수 있는 기회를 가지게 될 것이다. 앞으로 디지털 레이버와 스마트 팩토리의 도입과 확대를 추진하는 기업들이 있다면, 그 혁신을 추진하는 실무자로서 여성 인재 등용을 고려해보는 것은 어떨까?

7장

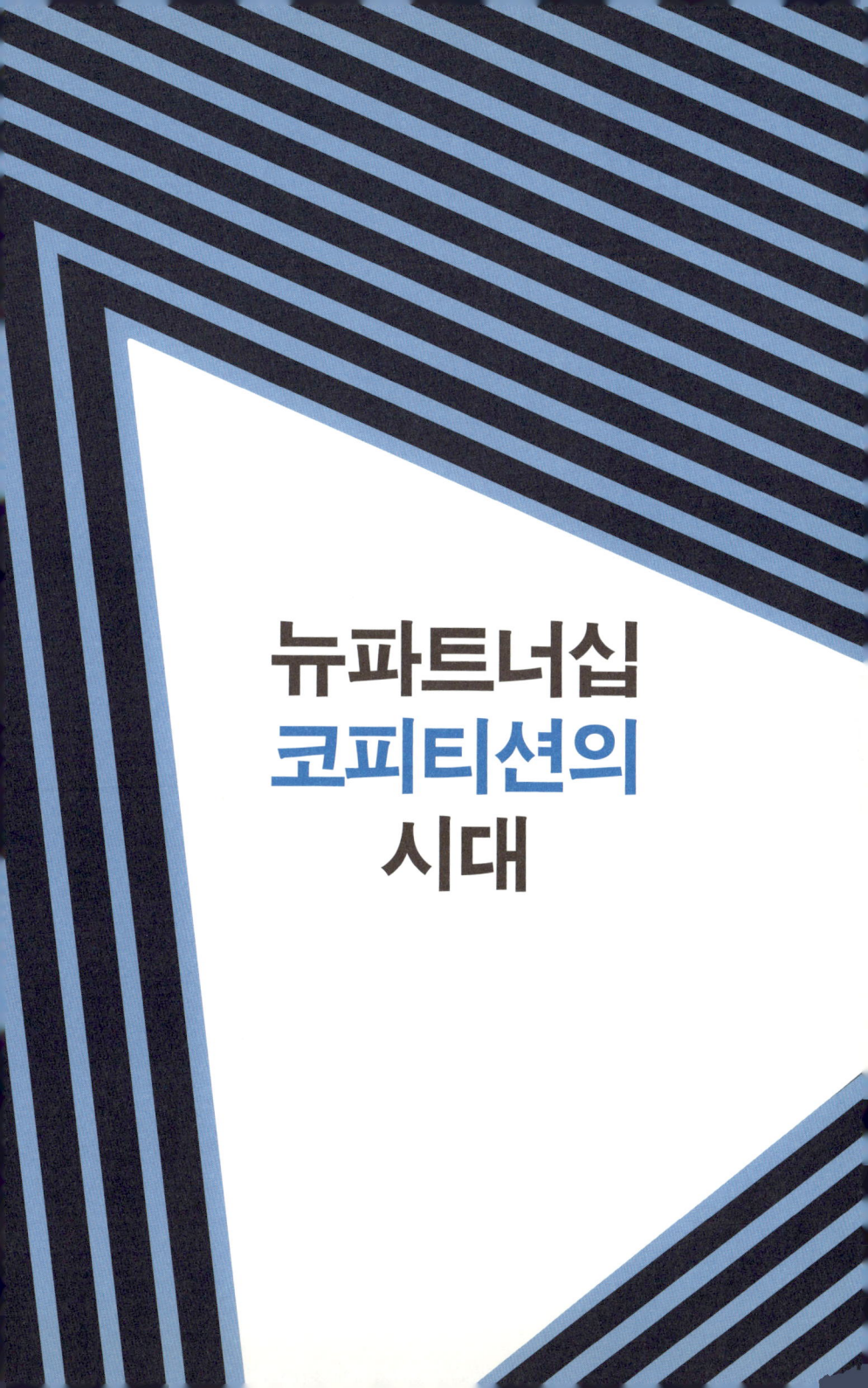

제4차 산업혁명의 주요 요소인 인공지능, 빅데이터, IoT와 같은 기술 개발을 추진하기 위해서는 인적 비용과 물적 비용의 지출이 불가피하며, 이는 기업들에게 큰 부담으로 작용한다.

그러다보니 라이벌 기업들조차도 상호 협력하는 움직임이 나타나고 있다. 그야말로 적과의 동침이라고 할 수 있는 파트너십이 진행되고 있는 것이다.

이는 바로 동종업계의 경쟁사들이 특정 사업에 파트너십을 형성해 협력하는 '협력적 경쟁', 즉 '코피티션^{Coopetition}(Cooperation+Competition)'을 실천한 것이다.

생존하는 것만으로 성공했다고 여길 정도로 경쟁이 격화되고 있는 지금, 라이벌 기업과 손을 잡고 생존의 길을 모색하는 기업의 움직임을 살펴본다.

제4차 산업혁명 시대의 파트너십과 생존 전략

감정보다 실리를 추구하는 코피티션

일본을 대표하는 맥주 회사인 아사히와 기린은 최근 오사카에서 호쿠리쿠 지방에 제품을 유통하는 라인을 공동으로 운영하는 파트너십을 구축했다. 라이벌인 두 회사가 파트너십을 형성하게 된 배경에는 일본 물류업계가 직면한 인재 부족 문제가 작용했다. 맥주를 운반하는 트럭 운전사의 부족으로 유통비용이 증가하고 있었던 것이다.

아사히와 기린은 트럭 운전사 부족이나 기후적인 문제와 상관없이 안정적으로 제품을 공급하기 위해 오사카에서 호쿠리쿠까지 철도 컨테이너로 운반하기로 결정하고, 그 비용을 최적화하는 공동 수

송 계획을 수립했다. 즉 아사히와 기린 두 회사 모두의 고민이었던 물류 문제를 파트너십을 통해 해결하고자 한 것이다.

이는 바로 동종업계의 경쟁사들이 특정 사업에 파트너십을 형성해 협력하는 '협력적 경쟁', 즉 '코피티션Coopetition(Cooperation+Competition)'을 실천한 것이다. 코피티션은 2000년 초반부터 관심을 끌었으나, 제4차 산업혁명이 진행되는 가운데 두 맥주 회사처럼 코피티션을 추진하는 기업이 증가하면서 새로이 주목받고 있다.

코피티션은 공생해야 하는 기업 생태계 환경을 전제로 동종의 기업들이 대결과 갈등의 관계를 넘어 부분적인 이익이 일치한다면 적극적으로 협력함으로써, 상호작용을 통해 새로운 기업가치를 창출하는 것을 의미한다.

2000년대 초반 푸조와 토요타도 '푸조107'과 '아이고'를 출고, 판매하면서 새롭게 진출하는 지역에서의 마케팅과 대리점 운영 등을 공동으로 추진하는 협약을 맺고 비용을 줄인 바 있다.

그런데 여기서 한 가지 의문이 든다. 코피티션을 통해 두 회사가 협력한다고 해도 결국 경쟁 관계라는 본질은 바뀌지 않는다. 또한 시장에서는 승자와 패자로 나눠지기 마련이다. 패자인 기업의 입장에서는 코피티션을 통해 비용 절감 효과는 있었지만 궁극적으로 시장에서의 수익 창출을 둘러싼 경쟁에서 지고 말았는데, 굳이 코피티션을 지속할 필요가 있는가 하는 점이다.

앞서 말한 아사히와 기린을 예로 들면, 호쿠리쿠 지역의 맥주 전쟁에서 져서 상대적으로 운반할 제품의 수가 줄어든 기업이 코피티션을 계속 유지할 필요가 있을까? 다시 말해 굳이 철도를 이용해 대량의 제품을 호쿠리쿠까지 수송할 필요가 없는 경우에도 코피티션을 지속해야 할까? 이에 대해 기린의 경영진은 다음과 같이 설명하고 있다.

"어느 한 회사가 경쟁에서 일방적으로 졌다 하더라도 다른 지역에서 발생하는 비용 부담에 대한 협력, 그리고 해외 시장에서의 협력 등을 고려할 때 단순히 호쿠리쿠 지역의 결과만으로 감정적 대응을 할 필요는 없다. 우리는 원래 적이고 서로 속으로는 무슨 생각을 하고 있는지 모르지만, 일단 필요에 의해 악수를 하며 지내는 것이 지금은 중요하다."

아사히의 경영진도 축소되어가는 국내 시장에서 살아남기 위해, 그리고 해외 시장에서 우위를 점하기 위해 코피티션을 이어갈 것임을 확인했다.

지금의 시장 상황을 보면, 코피티션은 어쩌면 선택이 아니라 필수라고 볼 수 있다. 이런 점에서 한국 기업들도 동종업계의 라이벌 기업과 동시에 해외 진출 시 코피티션의 가능성을 검토해볼 여지가 있을 것이다.

IT 공룡들을 손잡게 한 AI

실리콘밸리를 중심으로 한 IT 선두 기업들 역시 제4차 산업혁명을 대비한 코피티션을 추진하고 있다. IT 기업들은 제4차 산업혁명을 추진하는 데 가장 가치 있는 정보로 분류되는 빅데이터를 가지고 있기 때문이다.

그런데 단순히 많은 양의 데이터베이스를 구축하는 것만으로는 선두 기업의 지위를 유지할 수 없다. 인공지능의 개발 여하가 이들이 구축한 데이터베이스 가치의 극대화를 결정하는 요인으로 작용하기 때문이다.

하지만 인공지능 개발에 들어가는 비용과 노력은 만만치 않다. 다른 기업보다 한 발 앞서려면 보다 많은 투자를 할 수밖에 없지만, 개개의 기업으로서는 인공지능 부문에 투자하는 데 재정상의 한계가 있다.

이런 상황에서 IT 기업 가운데 페이스북, 아마존, 구글, IBM, 마이크로소프트가 먼저 주도적으로 인공지능을 개발하기 위해 2016년 코피티션을 선언하고 비영리조직인 '파트너십 온 AI Partnership on AI'를 결성했다. 다섯 회사는 인공지능 기반 서비스 개발을 둘러싸고 치열하게 경쟁하는 라이벌 관계였음에도 불구하고, 인공지능에 관한 부정적 인식이 사회 전반으로 확대되자, 사전에 문제를 해소하기 위해 비영리 조직을 결성하기에 이른 것이다.

과학자 스티븐 호킹Stephen W. Hawking과 테슬라의 일론 머스크Elon R. Musk는 인공지능과 로봇의 개발이 인간 사회에 대한 공격으로 파생될 수 있다고 지적하면서, 인공지능에 대한 부정적 인식이 확산되는 것에 대비할 필요가 있다고 주장했다. '파트너십 온 AI'는 인공지능에 관한 연구개발을 진행함과 동시에 인공지능이 인간 사회에 미칠 폐해에 대한 기업의 책임accountability을 다하는 것을 목표로 하고 있다.

그런데 아무리 취지가 좋다고 하더라도 인공지능 부문의 헤게모니를 획득하기 위해 치열하게 경쟁하고 있는 라이벌 기업들이 코피티션을 형성하는 것은 쉬운 일이 아니다. 그 사실을 잘 보여주는 것이 파트너십 결성 당시 당연히 참여했을 법한 애플, 트위터, 인텔 등의 불참이다. 특히 애플은 그 어떤 기업보다도 인공지능 연구개발에 열심이었다.

하지만 2017년 7월 애플에 이어 인텔, 이베이, 소니까지 잇달아 '파트너십 온 AI' 참여를 결정했다. 특히 인공지능 개발 과정을 철저히 비밀에 부치면서 윤리적인 부문을 얼마나 중요시하고 있는지 공개적으로 밝히지 않던 애플의 참여는 큰 의미를 가진다.

'시리Siri'의 개발 책임자이자 '파트너십 온 AI'의 애플 측 대표인 톰 그루버Tom Gruber는 "IT 업계가 하나되어 기계학습과 인공지능의 연구 및 과제 해결에 노력하는 것이 우리의 고객, 나아가 업계 전체의 발전에 도움이 될 것이라고 확신한다"고 참여의 이유를 밝혔다.

실제로 애플이 참여하자 업계에서는 인공지능 개발을 선도하는 기업들이 방대한 빅데이터를 혹여나 비윤리적인 형태로 사용하지 않을까 걱정하는 여론에 긍정적인 대답을 제시했다며 안심하는 분위기가 형성되었다. 초기에 애플이 참여하지 않은 것은 '파트너십 온 AI'가 자신들의 우수한 연구자를 빼앗아간 라이벌 기업들이 주도해 만든 조직이었기 때문이다. 그러나 인공지능에 대한 독자 개발보다 협력의 이점이 더 컸기에 애플도 백기를 들고 말았다.

하지만 모든 사물에는 동전의 양면처럼 앞뒷면이 존재한다. 선두 기업들이 아무리 선의로 비영리단체를 만들고, 그 조직을 통해 사회적 가치를 실현한다고 하더라도 파트너십 자체가 강자들인 그들만의 리그를 형성하는 폐쇄성을 만들고, 그들에게 유리한 방향으로 새로운 판을 짜는 헤게모니를 획득한다는 점은 부인할 수 없다. 따라서 '파트너십 온 AI'는 리딩 그룹뿐 아니라 다양한 기업의 참여를 유도해 지속적인 파트너십의 확대를 도모하는 것이 필요하다. 보다 많은 기업의 참여가 오히려 인공지능의 윤리적 활용을 더 빨리 실현하는 방법임을 인정하고, 적극적으로 파트너십의 확대를 도모해야 할 것이다.

영국의 작가 허버트 웰스Herbert G. Wells는 "벌들은 협동하지 않고는 아무것도 얻지 못한다. 사람도 마찬가지다"라고 말했다. 제4차 산업혁명 시대인 지금, 기업들에게 이 말을 대입하면 다음과 같이 표현할 수 있다. "벌들은 협동하지 않고는 아무것도 얻지 못한다. 기업도 마찬가지다."

코피티션을 통해
생존의 길을 찾은 기업들

배려는 코피티션의 전제조건이다
바스프와 랜다

자동차의 색상과 사고가 관계있다는 흥미로운 통계가 있다. 사고가 일어나기 쉬운 색과 사고가 나기 힘든 색이 있다는 것이다. 뉴질랜드 오클랜드 대학교의 한 연구에 따르면, 가장 사고가 나기 힘든 색상은 은색이다. 메탈 도장이 밝은 계통인 동시에 반사되므로 맞은편 운전자가 인식하기 쉽고, 어두운 야간에도 눈에 잘 띄기 때문이다.

반면에 사고 가능성이 가장 높은 색상은 파란색이다. 파란색 자동차는 맞은편에서 오는 차 혹은 뒤에서 따라오는 차량 운전자의 기분을 안정시켜 움직임을 둔하게 만들기 때문이다. 이처럼 자동차에 어떤 색상이 사용되는가에 따라 사람의 생명까지 영향을 받을 수 있다.

색의 중요성에 대한 관심이 증대되는 가운데 독일의 화학회사 바스프BASF는 나노 기술을 연구하는 기업인 랜다Landa Labs와의 전략적 파트너십을 통해 획기적인 자동차용 도료 기술을 개발했다. 랜다의 나노 안료 기술을 새로운 포트폴리오로 통합해 '컬러 & 이펙트'라는 브랜드로 투명성이 매우 높은 안료를 상품화한 것이다.

일반적으로 나노 안료 기술은 입자가 미세해 높은 채도와 박막 코팅을 가능하게 함으로써, 자동차 제조회사에 보다 질 좋은 제품을 제공한다는 점에서 바스프에는 새로운 수익 창출의 기회가 열렸다. 여기서 주목할 것은 바스프의 주도로 이루어진 랜다와의 파트너십 혜택이 바스프에게 주로 돌아간 것 같지만, 랜다에게도 내실이 크다는 점이다.

랜다는 바스프와의 파트너십을 통해 이전부터 관심을 가져오던 페인트, 수지, 착색, 인쇄, 화장품 및 농업 분야에 대한 바스프의 전문 지식을 포괄적으로 제공받아 자동차 도료 시장에서 혁신적인 제품을 개발할 교두보를 마련하게 되었다. 즉 두 회사가 서로 납득할 만한 이상적인 결과를 얻어냈다는 점에서 성공적인 파트너십을 형성했다고 볼 수 있다.

두 회사의 파트너십을 통한 혁신적인 자동차 도료의 개발은 완전 자율주행차의 개발에도 영향을 끼쳤다. 얼마 전 전기자동차 개발을 견인하고 있는 테슬라의 '모델 S'가 안타깝게도 사고를 낸 적이 있다. 중앙분리대가 있는 고속도로를 자율주행으로 달리고 있을 때, 앞 교차로에서 좌회전하려던 대형 트레일러와 충돌한 것이다.

당시 사고 원인을 조사한 보고서에 따르면, 후방의 하늘이 밝게 빛나면서 흰색으로 도색된 트레일러의 측면을 테슬라의 운전자와 자율주행 기능이 인식하지 못했기 때문에 브레이크가 작동하지 않았다. 이 사고로 인해 완전 자율주행차를 개발하는 기업에게 자동차의 도색은 향후 안전과 직결되는 중요한 부문으로 인식되었고, 그 때문에 바스프와 랜다의 파트너십은 더욱더 주목을 받고 있다.

게다가 랜다는 바스프와 파트너십을 맺기 이전 디지털 인쇄 분야에 주력하고 있었기 때문에 향후 시장에서 성장 가능성을 걱정하던 상황이었다. 하지만 이번 파트너십을 계기로 새로운 분야로 진출할 길이 열렸고, 사양 산업의 나락에 빠질 위기로부터 벗어나게 되었다.

기업 간 파트너십은 양쪽 모두 잘나가는 기업이라고 해서 반드시 성공하는 것은 아니다. 바스프와 랜다처럼 서로 혜택을 나눌 수 있도록 배려하고, 그런 가운데 새로운 시장 가능성을 찾아내려고 노력하는 기업만이 파트너십에서 성공할 수 있다.

파트너십의 깊이는 시간에 비례한다
도레이와 보잉

기업과 기업이 파트너십을 형성할 때 중요한 요인으로 신뢰를 든다. 그렇다면 기업 간의 신뢰는 어떻게 형성될까? 일반적으로 경영자의 경영철학, 기업문화를 포함한 다양한 요인이 상대방 기업에 신뢰를 형성하는 중요한 요인으로 작용할 수 있다.

하지만 기업 간 신뢰를 형성하기 위해서 무엇보다도 중요한 것은, 상대방 기업이 지금까지 걸어온 역사적 과정과 파트너십을 맺은 이후 어떤 관계를 유지해왔는가 하는 점이다. 왜냐하면 기업의 역사와 관계 형성의 과정에는 경영자의 철학, 기업문화, 그리고 제품의 품질 등 모든 요소가 함축되어 있기 때문이다. 그리고 이 점은 제4차 산업혁명이 진행되는 과정에서도 기업 간 파트너십에서 변하지 않는 근본적인 요소이기도 하다.

최근 일본의 도레이Toray는 보잉Boeing에 항공기용 탄소섬유 복합재료를 10조 원에 공급하는 계약을 수주했다고 발표했다. 이 거래는 도레이의 거래액 중 사상 최고이다. 실제로 도레이의 닛카쿠 아키히로日覺昭廣 사장은 보잉과의 파트너십은 두 회사가 관계를 만들기 위해 꾸준히 힘써온 오랜 시간의 결실이라고 설명했다.

본래 도레이는 항공기 생산에 필요한 수많은 부품과 재료를 확보하기 위해 보잉이 거래하는 전 세계에 있는 수천 개의 관련 기업 중 하나이지만, 특별한 파트너십을 가진 기업으로 불리고 있다. 보잉의 CTO가 이례적으로 공동 기자회견을 열고 "탄소섬유 복합 재료의 기술력과 안정적인 공급 면에서 도레이는 가장 뛰어난 기업"이라고 밝힐 정도로 특별한 신뢰를 형성해온 기업이다.

이번 파트너십으로 인해 도레이는 보잉과의 신뢰를 강화함과 동시에 향후 차세대 항공기 부품 및 소재 등을 공동으로 개발해나갈 수 있는 발판을 마련하게 되었다. 즉 항공기 업계의 경쟁이 나날이 치열해지고 있는 가운데 보잉이 다른 라이벌보다 유리한 고지에서 항공기를 납품하기 위해서는 보다 우수한 기술을 가진 공급처와의 파트너십이 필요한데, 도레이가 바로 그 역할을 담당하게 된 것이다.

그렇다면 보잉과 도레이는 어떻게 파트너십을 형성하게 된 것일까? 1950년대에는 소재 개발 분야에서 아크릴이나 폴리에스테르 등 의류용 섬유가 중심이었다. 그러나 꿈의 소재로 불리는 가볍고 강한 탄소섬유가 개발되면서 의류, 자동차, 비행기 등을 만드는 기업들은 경량화의 무한 가능성을 발견했다.

도레이도 이 시기부터 탄소섬유의 개발에 뛰어들었고, 언젠가 자사의 탄소섬유가 항공기 재료로 활용되는 것을 꿈꾸기 시작했다. 그렇게 탄소섬유 개발에 주력하던 도레이는 제품의 양산에 성공했지만, 사업 환경은 결코 도레이에게 유리하지 않았다. 미국과 유럽 회사들은 일찍부터 군용기를 포함한 항공우주 용도의 제품 개발에 착

수하고 있었기 때문이다.

그러다보니 도레이는 투자 개발로 인한 재정 압박과 영업 매출의 적자로 인해 1970년대에 세 번이나 경영 위기를 겪었다. 하지만 도레이는 탄소섬유의 개발이 중단될 위기에 놓일 때마다 '보유 기술을 바탕으로 차세대로 이어지는 사업을 확립하는 것이 중요하다'고 생각해 개발을 지속했다.

항공기 제조사와의 파트너십이 어려워지자, 도레이는 어떻게든 회사를 존속시키기 위해 탄소섬유를 항공기 부품 대신 스웨터 등 의류용 아크릴 섬유 생산에 적용했다. 그 이후에는 낚싯대부터 골프클럽, 테니스 라켓 등 스포츠용 제품으로 사업 영역을 확대해나갔다. 또한 압력 용기 및 토목, 건축 보수 등 산업 용도의 연구개발에도 꾸준히 투자를 했다. 원래의 목표였던 항공기에 탄소섬유를 활용하려는 꿈은 실현하지 못했지만, 탄소섬유 소재의 개발을 멈추지 않고 타 분야에 적극적으로 활용하며 연구개발에 주력한 것이다.

그런데 차선책으로 추진한 사업들에서 놀라운 성과가 나타나기 시작했다. 의류용 탄소섬유 소재 제품의 개발 과정에서 저비용으로 효과를 만들어내는 '습식 방사' 기술과, 산업 용도의 제품을 만드는 과정에서 결함이 적고 반들반들한 표면을 만들 수 있는 '건식 방사' 기술을 통합해 '건습식 방사' 기술을 획득한 것이다.

이것이 바로 2000년대 들어 항공 산업에서 최상의 소재로 평가받고 있는 탄소섬유 'T800S'이다. 항공기의 표면에 미세한 결함의 발생을 방지하는 고강도 소재를 저비용으로 만들어낸 것이다. 실제로 이 건습식 방사 기술로 만들어낸 탄소섬유는 도레이가 미국의 헥셀 HXL과 함께 시장을 거의 점유하고 있다. 그리고 이러한 탄소섬유 소재의 신기술은 앞서 말한 것처럼 도레이가 보잉과의 계약을 체결함으로써 항공사와의 파트너십을 형성하는 결과를 가져왔다.

파트너십이란 미래의 가치에 대한 투자로, 그 판단의 재료는 결국 오랜 기간 동안 축적된 신뢰에 근거한다. 그런데 많은 기업이 파트너십을 형성할 때 상대방 기업의 이전 50년 혹은 100년의 역사에는 그다지 관심을 가지지 않고, 대부분 현재 어떤 이익이 있을까만 중요시한다. 따라서 보다 깊은 신뢰를 바탕으로 한 파트너십을 형성하기 위해서는 현시점에서의 이해득실만을 따져 파트너십 적합성을 판단하는 것이 아니라, 도레이처럼 개발에 공을 기울인 기업의 성장과 고통의 역사를 충분히 고려한 후 파트너십 관계를 이루어나가야 할 것이다.

포괄적 파트너십을 통한 생존 전략
화웨이와 오라클

세계 경제가 침체되면 기업은 새로운 성장 원천을 모색할 수밖에 없다. 이때 성장의 발판을 만드는 데 중요한 열쇠가 되는 것이 바로 전략적 파트너십이다. 기존에 자사에서 추진할 수 없었던 혁신적인 제품, 솔루션 및 비즈니스 모델을 만들어낼 수 있기 때문이다.

하지만 현실을 들여다보면, 파트너십을 맺은 많은 기업이 성공에 이르지 못한 채 결렬되거나 해지되고 있다. 경영 컨설팅사인 밴티지 파트너스Vantage Partners의 조사 결과에 따르면, 기업 간에 형성되었던 파트너십 중에서 19퍼센트는 비참한 실패로 끝나고, 50퍼센트는 운영상의 문제로 인해 목표를 달성하지 못한 상황에서 해체된다고 한다.

즉 세상에 형성된 파트너십 중 70퍼센트는 실패로 끝나는데, 이러한 파트너십 실패의 근본적인 원인은 파트너 간의 커뮤니케이션 부족에 기인한다는 것이다. 사업이 계획대로 진행되지 않는 책임을 서로 떠넘긴다거나 파트너 간의 인센티브 배당의 차이를 둘러싼 갈등, 그리고 상호 간의 경쟁심 발동으로 영업팀 간의 대립이 각 기업 전체로 확산되는 등의 문제가 있기 때문이다.

이런 상황에서 최대한 실패의 리스크를 줄이는 파트너십을 형성하기 위해서는 자사가 파트너십의 추진 과정에서 발생할 문제를 객관적이고 냉철하게 파악하는 것이 필요하다. 물론 이것은 쉽지 않다. 파트너십을 형성할 경우 발생할 수 있는 문제보다는 기대되는 결과에 주목하는 것이 기업의 습성이기 때문이다.

하지만 보기 드물게 파트너십의 리스크에도 집중하면서 직면한 자신의 상황을 객관적이고 냉철하게 분석해 성공적으로 파트너십을 구현한 기업이 있다. 바로 중국 기업 화웨이華為다.

화웨이는 미국의 오라클Oracle과 전력 IoT 분야의 에코 시스템 개발을 위한 파트너십을 체결했다. 두 회사는 이 파트너십을 통해 공공 산업용 애플리케이션 등의 마케팅과 판매에 대한 협력을 추진하기로 했다. 화웨이의 AMI Advanced Metering Infrastructure 솔루션과 오라클의 MDM Meter Data Management을 기반으로 공익 산업 응용 제품의 마케팅과 판매를 함께 도모한 것이다.

ICT 제품과 솔루션에 강점을 가진 화웨이와 오라클은 공익 산업 분야의 아웃소싱 서비스를 연계함으로써 고객사의 다양한 요구에 대응할 수 있다는 가능성을 보았다. 실제로 두 회사는 서비스를 연계함으로써 이용 기업들에게 사업 운영의 효율 향상과 에너지 절약, 이산화탄소 배출량의 절감 효과를 제공하고 있다.

그런데 화웨이가 원래부터 파트너십에 적극적인 것은 아니었다. ICT를 둘러싼 환경은 매우 복잡하고 기업 간의 요구도 다양해서, 파트너십을 형성할 경우 다양성 문제를 해소하기까지 두 회사 간의 대립이 심각해질 위험이 있다고 보았기 때문이다.

이러한 기업 내부의 걱정을 뒤로하고 화훼이가 오라클과의 파트너십에 뛰어든 이유는, 독자적으로 개발하는 것이 의견 대립 없이 순조로울지는 모르지만 먼 미래를 봤을 때 협력하지 않으면 고객의 수

요를 만족시킬 만한 서비스의 질을 보장할 수 없고, 시장의 확대도 어려울 것으로 판단했기 때문이다.

그리고 나서 화웨이는 오라클과 파트너십을 결성하기 전 ICT 솔루션 사업을 본격화하면서 다양한 산업 파트너와의 협력이 필요하다는 사실을 인식하고, 세계 각지의 기업들 중에서 점진적 관계를 만들어나가며 전략적 파트너십을 형성할 대상을 찾기 시작했다. 그러면서 다른 두 회사 간의 사업 추진에서 야기될 수 있는 갈등 관계에 대한 예방책이 필요하다고 생각했다. 그리고 고민 끝에 찾은 방법이 바로 '빅 얼라이언스Big Alliance'를 구축해 포괄적 협력을 추진하는 것이었다. 이러한 사실을 인지하자, 화웨이의 경영진은 파트너십이 결렬될 리스크를 헤지할 수 있는 최선의 방법은 빅 얼라이언스의 구축이라고 선언했다.

하지만 화웨이는 창업 초기부터 주력인 통신 사업에 치중하다보니 통신 사업자가 아닌 기업들과 교류할 기회가 없었다. 그래서 어떤 기업과 파트너십을 형성해야 할지 대상을 정하는 것조차 쉽지 않았다. 특히 네트워크 사업은 기기의 개발에서 설치, 애프터서비스에 이르기까지 대부분의 업무를 독자적으로 진행해야 하기 때문에, 기업 내부에 파트너십을 형성할 만한 환경조차 만들어져 있지 않았던 것은 심각한 문제였다.

그럼에도 불구하고 화웨이는 파트너십 형성에 관한 연구를 거듭

하면서 타 기업과의 일대일 파트너십을 만드는 것은 어렵지만, 반대로 해소되는 것은 너무나 쉽다는 점에 주목했다. 따라서 관계를 만드는 것이 어렵다면 굳이 한 기업과 파트십을 형성하기보다 조금 더 노력해서 처음부터 여러 기업과 파트너십을 만드는 얼라이언스를 구축하는 것이 파트너십 해소의 위험을 줄이는 최선의 방편이라고 생각했다.

화웨이는 먼저 아시아 기술 기업으로서는 최초로 ASAP Association of Strategic Alliance Professionals(전략적 제휴 전문가 협회)에 참가했다. 그리고 고객 기업들과 같이 중국과 유럽 등 세계 각지를 돌며 13곳에 오픈 랩을 설립해 소프트웨어 개발자를 지원하고, 2015~2020년까지 5년간 10억 달러를 출자해 IoT를 비롯한 디지털 에코 시스템의 발전을 지원하는 응용프로그램의 개발을 촉진하기에 이르렀다.

그렇다면 화웨이가 포괄적 파트너십을 형성하기 위해서는 어떻게 해야 할까?

첫째, 파트너와 목표를 공유하고 이를 달성하기 위한 전략에 대해 합의를 도출해낼 수 있도록 충분한 커뮤니케이션을 가지는 것이 중요하다. 얼라이언스에 가입하는 모든 기업이 공감할 수 있는 단기, 중기, 장기의 목표 설정이 필요하다.

둘째, 얼라이언스를 관리, 운영하는 적절한 거버넌스 시스템의 확립이 필요하다. 파트너 기업들 간에 얼라이언스를 관리할 주요 책임자와 제휴를 총괄하는 임원을 구성하는 데 신중을 기함으로써 문제가 발생할 시 자원의 융통성과 정책 변경에 대응할 수 있는 시스템을 만드는 것이다.

셋째, 인센티브를 고려해야 한다. 파트너 기업 간 인센티브가 다르면 어떤 기업에는 부담이 될 수 있다. 기업 간 인센티브의 배분을 적절히 조율해, 기업들이 적극적으로 참여할 수 있도록 동기부여를 하는 것이 필요하다.

넷째, 유연성이 중요하다. 얼라이언스의 사업 내용을 분기별로 검토하고 비즈니스 환경 변화에 대응할 수 있도록 한다. 포괄적 파트너십인 얼라이언스를 조직하는 것보다 시장의 환경에 적절히 대처해 나가는 것이 더 중요하다.

화훼이는 이러한 원칙을 바탕으로 얼라이언스를 구축해 자사 중심의 일대일 파트너십이 가져오는 리스크를 예방하고, 시장의 프레임을 주도적으로 변화시킬 수 있는 길을 찾았다.

우리는 흔히 파트너십을 추진하려고 할 때 시너지 효과가 생길 것 같은 기업과 어떻게 파트너십을 맺고, 어떻게 이익을 창출할지를 먼저 생각한다. 하지만 화웨이의 사례처럼 어떻게 하면 파트너십을 도중에 해지하지 않고 오래 지속시킬 수 있는 환경을 만들 수 있을까에 대해 고민한다면, 전혀 새로운 파트너십 형성의 길이 보이게 될 것이다.

제4차 산업혁명 기술을 활용한 뉴파트너십

제4차 산업혁명이 급속히 진행되는 가운데 그것이 가져오는 변화에 대해 대기업은 대기업대로 중소기업은 중소기업대로 모두 각자의 고민을 안고 있다. 하지만 이런 고민을 가진 대기업과 중소기업이 서로의 과제를 해결하기 위해 파트너십을 형성하는 경우가 있을까? 아마도 현실적으로는 어렵지 않을까 싶다.

그 이유는 대기업과 중소기업을 둘러싼 구조의 문제 때문이다. 일반적으로 대기업은 신제품이나 신규 사업을 시작할 때 그들의 혁신적인 요구에 맞는 파트너를 찾는 것이 중요한데, 요즘처럼 변화가 빠른 경우 파트너의 선택에도 유동성이 많이 작용하게 된다. 그러다보니 대기업은 중소기업과 파트너 관계를 맺는다고 하더라도 장기적인 파트너십을 형성하기에는 어려움이 있고, 중소기업과 함께 동반성장을 추진하기에는 많은 시간과 비용이 들어 경영의 효율성을 유지하기도 쉽지 않다.

한편, 중소기업은 대기업과의 파트너십을 형성할 경우, 그 관계 안에서 지속적인 혁신을 추구하기보다는 대기업에 안정적인 제품을 공급할 수 있다는 현실에 안주하여 혁신의 노력이 줄어들 위험성이 있다.

이런 구조적인 문제를 안고 있는 상황에서, 제4차 산업혁명 시대의 경쟁에서 살아남기 위해서는 대기업과 중소기업의 전략적 파트너십의 형성이 필요하다. 특히 대기업과 중소기업 간의 비즈니스 매칭을 통해 최적의 파트너를 찾는 것이 중요하다.

비즈니스 매칭이 주목을 받으면서, 최근 일본은 지자체에서도 기업들을 연결시키는 전문 기구를 설치하는 움직임이 확대되고 있다. 예를 들어 후지시의 경우를 보면, 이 지자체는 산업지원센터인 'f-Biz'를 만들어 대기업과 지역의 중소기업을 지원하는 비즈니스 매칭을 추진하고 있다. 즉 후지시는 f-Biz라는 기구에 브랜딩 및 마케팅, IT 전문가를 고용해 지역의 중소기업에 무료로 경영지원을 한다. 그와 동시에 중소기업의 사업적 특성을 파악해서 대기업을 포함해 파트너십에 관심을 가진 기업과 연결시켜주는 업무를 수행한다.

한편, 최근에는 비즈니스 매칭의 형태가 더욱더 다양해지고 있는 것이 특징이다. 즉 유사한 사업 분야에 비슷한 규모의 기업 간의 비즈니스 매칭을 넘어서, 소프트웨어 기업과 하드웨어 기업 간의 파트너십, 그리고 전통적인 기업과 벤처기업 간의 파트너십이 중요한 이슈로 등장했다. 실제로 미국 실리콘밸리의 생산현장에서 발생하는 방대한 데이터를 정보로 변환하는 솔루션을 개발하는 B2B 기업인 사이트 머신SightMachine은 비록 직원 수는 40명 정도로 작은 기업임에도 불구하고 GE와의 파트너십을 통해 생산현장의 IoT와 빅데이터 관리 분야에서 괄목할 만한 성장을 보이고 있다.

일본의 제조업 분야에서 오랜 역사를 가진 코마츠제작소小松製作所도 건설업 분야의 비용 절감과 관리의 효율화를 위해 최근에 드론을 이용한 측량, 3D 매핑 기술을 제공하는 미국의 벤처기업인 스카이캐치Skycatch와의 협력을 통해 건설 현장의 효율화를 추진하고 있다. 즉 소프트웨어와 하드웨어라는 다른 성격의 기업들, 그리고 전통적인 기업과 벤처기업들이 서로 파트너십을 형성함으로써 비즈니스의 질적 강화와 양적 확대를 도모하고 있는 것이다.

이러한 점에서, 이제 기업들 간의 관계에서 서로 파트너십을 형성하지 못할 대상은 없는 듯 보인다. 앞으로 기업들은 그들에게 필요한 파트너를 언제든지 찾을 수 있다는 오픈 마인드를 가지고, 편견 없이 포괄적 파트너십을 추구해야 할 것이다.

인공지능의 발달이 인간 사회에 미치는 폐해에 관한 이야기가 저명한 학자와 경영자들 사이에서 나오고 있다. 영국 케임브리지 대학교의 스티븐 호킹과 중국 알리바바 회장 마윈馬雲이 그 대표적인 인물이다. 특히 마윈은 인공지능이 CEO의 자리를 빼앗을지 모른다는 과격한 발언을 내놓았다. 이러한 경고의 배경에는 인공지능이 방대한 정보를 근거로 인간의 한계를 넘어서는 의사결정 능력을 가지고 있다는 전제가 깔려 있다. 하지만 이러한 상황에서 경영자들이 홀라크라시에 기반을 둔 전원경영, 즉 모든 직원이 경영자적인 사고를 가지고 업무를 수행하려고 노력한다면, 인공지능에게 헤게모니를 넘겨주는 것이 아니라 사람이 여전히 주체가 될 수 있다. 그렇다면 어떻게 전원경영을 통해 인공지능을 기업 운영의 보조적 존재로 활용할 수 있을까? 또 어떻게 해야 경영자가 인공지능과 CEO의 자리를 놓고 대립하는 것이 아니라 협력할 수 있을까? 이 장에서는 그 방안을 살펴본다.

NO CEO 시대의
전원경영

　　제4차 산업혁명은 기업의 조직구조와 경영자의 개념을 바꾸고 있다. 과거에는 수직 계층의 맨 위에 경영자가 있는 형태였다면, 지금은 경영자의 역할이 상당 부분 위임된 격자 조직이나 수평 조직, 아예 경영자가 없는 조직까지 등장했다. 모두가 경영자인 시대, 직원들이 기업에 대한 강한 귀속의식을 가지고 능동적으로 경영자적 사고를 하도록 만들기 위해서는 어떻게 해야 할까?

　일본에서 기업 구성원 모두가 경영에 참가하는 것으로 '전원경영'이라는 말이 있다. 일본 최대 택배회사의 하나인 쿠로네코야마토クロネコヤマト의 오쿠라 마사오小倉昌男 회장이 제창해 경영자들 사이에서 주목을 받은 개념으로 '경영의 목적, 목표를 명확하게 제시한 후 일하는 방식을 세밀하게 규정하지 않고 직원들에게 맡기면 직원들이

맡은 일에 대해 책임을 지고 수행하는 것'을 뜻한다.

쿠로네코야마토가 전원경영을 도입한 것은 택배회사의 핵심 인력인 택배기사들이 일일이 본사의 지시를 받아 업무를 수행할 경우 발생하는 업무의 비효율성을 타파하기 위해서였다. 전원경영은 기업의 수익 향상이라는 긍정적인 효과를 이끌어냈고, 이후 산업계에서 전원경영이 주목을 받기 시작했다.

쿠로네코야마토는 사훈, 즉 기업 이념에 대한 공유와 팀별로 운영되는 조직관리, 그리고 택배기사도 경영자가 될 수 있는 인사 제도가 사업 성공의 주요한 역할을 했다. 그런데 최근 택배사업에 인공지능, 빅데이터, IoT를 활용한 드론이 도입됨에 따라 기존의 일자리가 보장되기 어렵고, 종신 고용의 기업문화 또한 유지되기 힘들 것으로 예측된다. 따라서 쿠로네코야마토의 전원경영에도 의문이 제기되고 있다.

그렇다면 전원경영을 실현할 수 있는 다른 방법은 없을까? 영국에서 전원경영을 추진하고 있는 백화점 존루이스John Lewis의 사례에서 그 답을 찾을 수 있다.

153년의 역사를 가진 존루이스는 2000년 이후 영국의 소매업 매출이 지속적으로 감소 추세에 있음에도 불구하고 매출을 증대시켜온 기업이다. 그 원동력으로 작용한 것이 바로 전원경영이다.

존루이스는 3만 8,000명이 넘는 직원들이 자사주를 100퍼센트 소유하는 구조이다. 과거에도 동기부여를 위해 직원 주주 제도를 도입하는 기업들이 있었지만, 직원이 회사의 주식을 100퍼센트 모두 보유한 경우는 동족 경영의 중소기업 등을 제외하면 드물었다.

본래 직원 주주 제도라는 것은, 회사가 지속적인 성장을 추구하는 경우 직원들이 일반 주주보다 회사의 장기적인 성공을 바라기 때문에 재정적으로 안정적인 경영 기반을 만들 수 있다. 직원들의 입장에서도 주식을 통한 이익 분배는 실적이 좋으면 보너스가 가산되고, 자신도 회사의 파트너라는 의식이 충성심과 동기부여를 강하게 만드는 이점이 있다.

하지만 직원 주주 제도에는 많은 문제점도 있다. 상장 기업에 비해 공개 정보가 적기 때문에 외부 자본 조달이 쉽지 않다거나, 내부에서 문제가 발생할 경우 동료 의식으로 문제를 은폐해 근본적인 해결책을 지향하기가 어렵다는 점 등이다. 그래서 존루이스는 직원 100퍼센트 주주제를 통해 '이익 운명 공동체'라는 환경을 조성한 후, 기업 이념의 공유와 조직원들 간의 결속을 강화하는 기업문화를 정착시킴으로써 성공적인 전원경영을 실현했다.

쿠로네코야마토와 존루이스의 전원경영 사례를 보면, 직원들 모두가 기업에 대한 강한 귀속의식을 가지는 동시에 경영자적 사고를 가지기 위해서는 구성원들이 회사에 대한 충성심을 보일 수 있는 정신적 연대와 이익 공동체로서의 재정적 환경을 구축하는 것이 필요하다. 또한 어떤 상황에서도 구성원들이 자신의 역할을 능동적으로 수행하고, 경영에 대해 관심을 가지는 메커니즘을 확립하는 것이 요구된다.

이러한 환경을 형성하는 데 효과적인 방법이 바로 홀라크라시와 제4차 산업혁명의 한 요소인 빅데이터를 결합하는 것이다. 이에 대해 구체적으로 살펴보자.

오늘날 구글이나 마이크로소프트 같은 거대 소프트웨어 기업은 인재를 관리하는 과정에서 어려운 과제에 직면해 있다. 제4차 산업혁명의 급속한 변화에 대응하고 다양한 고객의 수요에 대처하기 위해 조직관리를 보다 체계적으로 하려다보니 직원들이 경영자 및 상사와 같은 리더들의 운영 방침에 따라야 하는 권위적인 조직문화가 확대되고 있기 때문이다.

이로 인해 구글은 특히 엔지니어들의 불만의 목소리가 높아지고 있으며, 창업 이후 중시해온 '20퍼센트 규칙'조차 지속하기 어려울 정도로 직원들의 자유로운 생각을 업무에 반영하는 것이 힘들어지고 있는 실정이다. 이러한 문제를 심각하게 여긴 구글은 최근 엔지니어들의 요구에 귀를 기울이며, 기존의 톱다운 리더십을 재고하고 엔지니어들의 자유로운 발상에 의해 문제 해결을 지원하는 홀라크라시에 주목하기 시작했다.

홀라크라시에 기반을 둔 리더십의 형태는 에어비앤비에서도 찾아

볼 수 있다. 에어비앤비의 엔지니어들은 사람들이 전 세계 어디든 여행할 수 있는 메커니즘을 비즈니스 모델로 만드는 핵심적인 역할을 수행하고 있다. 그런데 에어비앤비처럼 급성장한 기업의 경우 가장 중요한 과제는, 어떻게 엔지니어들이 초기의 기술력을 지속적으로 유지하면서 안정적인 형태로 조직을 관리할 수 있을까 하는 점이다.

이를 위해 에어비앤비는 홀라크라시의 대표적인 기업 중 하나인 자포스처럼 매니저와 관리자로 하여금 그 직책을 활용해 직원들을 통솔하고 지휘 감독하는 것이 아니라, 엔지니어들을 후방에서 지원하도록 했다. 그 결과 에어비앤비의 엔지니어들은 빅데이터를 활용한 정보를 분석하고, 그 정보를 바탕으로 스스로 조직을 관리하고 운영하는 길을 찾게 되었다.

게다가 과거의 홀라크라시가 직원들의 능동적이고 자율적인 판단을 존중함에 있어서 직원 개개인의 역량을 신뢰했다면, 에어비앤비는 빅데이터 혹은 인공지능과 같은 제4차 산업혁명의 기술력의 도움을 받고 그 결과를 제공해 직원들이 스스로 최적의 판단을 내리는 데 근거로 삼도록 한다.

추상적이고 비과학적이라는 비판을 받았던 홀라크라시에서 탈피해 과학적 분석에 근거한 정보를 바탕으로 직원들의 자율적인 판단을 지원함으로써, 권위적인 톱다운 형태의 리더십을 배제하는 동시에 과학적 의사결정이 가능한 전원경영을 지원하고 있는 것이다.

이러한 '리더리스 리더십leaderless leadership'에 근거해 홀라크라시를 도입한 제조 분야의 기업도 있다. 미국에서 시장 점유율 1위를 차지하고 있는 토마토 가공업체 모닝스타컴퍼니Morningstar Company이다.

직원 400명, 연매출 7억 달러의 중소기업 규모인 모닝스타컴퍼니가 주목을 받고 있는 이유는, '셀프 관리'로 불리는 시스템이 정착되어 직원들이 자발적인 경영자적 사고를 바탕으로 업무를 수행하고 있기 때문이다. 셀프 관리란 '누군가의 지시에 의존하지 않고 동료, 고객, 유통업체 및 기타 관계자와의 커뮤니케이션을 주도적으로 추진하는 것'을 말한다.

첫째, 모닝스타컴퍼니는 '높은 품질과 고객이 기대하는 서비스를 실현하기 위해 토마토 관련 제품과 서비스를 만드는 기업'이라는 회사의 이념을 전 직원이 공유한 후, 그 이념을 개개인이 어떻게 구현할 것인지를 명확히 제시하고 있다.

일반적으로 회사의 이념에 대해 이해나 공감을 표하는 경우는 많지만, 직원 모두가 그 이념을 구체적으로 실현하기 위해 어떻게 할 것인지를 선언하고 발표함으로써 자신의 역할과 목표를 명확히 제시하는 경우는 드물다. 하지만 모닝스타컴퍼니는 기업 목표에 근거해 직원 개개인이 어떻게 기여할지를 선언하고, 그들이 공약한 대로 업무를 추진하며, 그 실현 여부를 모두로부터 평가받는다.

둘째, 동료에게 높은 평가를 받은 직원들 중 함께 프로젝트를 수행할 상대를 선택하고 협력 여부를 타진할 수 있는 기회를 1년에 한 번 직원들에게 주고 있다.

직원들은 함께 일하고 싶은 상대방을 설득하기 위해 구체적으로 자신이 추진하고 싶은 사업 내용을 설명하고 토론하면서 프로젝트의 의미와 문제점을 파악하게 된다. 상사와 부하직원 같은 히에라르키 조직구조를 배제하고 원하는 상대방을 선택할 수 있는 것이다.

셋째, 직원들의 판단에 근거가 되는 빅데이터를 제공하고 있다. 직원들은 사무실의 소모품 주문 등 일상적인 작은 업무부터 거래처와의 중요한 의사결정에 이르기까지 자신의 판단이 다른 직원과 그들의 업무에 어떤 영향을 주는지를 빅데이터에 의해 분석된 수치로 확인할 수 있다.

동시에 개별 직원들이 이러한 데이터를 제대로 활용할 수 있도록 사내 교육의 기회도 제공한다. 빅데이터 분석 결과에 근거한 자율적인 결정이 잘못된 판단을 내리게 되는 위험을 예방하는 것이다.

한편으로는 홀라크라시를 기반으로 한 리더리스 리더십에 대해 의문을 제기하는 목소리도 있다. 홀라크라시를 도입해서 제대로 운용하려면 내부 정보를 모든 직원이 공유해야 하는데, 이는 직원들이 적극적으로 정보를 파악하려고 노력한다는 것을 전제로 하기 때문이다.

아무리 모두에게 정보가 공평하게 오픈되어 있다고 하더라도 직원들의 의지와 노력 여하에 따라 정보 격차가 발생하기 마련이고, 그럴 경우 정보를 얻지 못한 직원들의 의사결정은 정보를 가진 직원들에 의해 배척당할 수 있다. 결국 정보를 가진 직원들의 지휘를 받는 하위의 지위에 놓일 수밖에 없게 된다. 홀라크라시의 핵심인 히에라르키를 배제하고자 한 노력이 결국 물거품으로 돌아가게 되는 것이다.

이와 같은 지적에도 불구하고 에어비앤비와 모닝스타컴퍼니 같은 성공 사례가 계속해서 나오는 이유는, 정보 격차를 해소하려는 노력이 기업 내에서 자발적으로 이루어지고 있기 때문이다. 즉 빅데이터 분석 기술을 도입하고 동시에 그러한 기술을 모든 직원이 공유할 수 있도록 직원들 간에 협력이 이루어지고 있는 것이다.

결국 모든 직원이 경영자적 사고를 가지고 리더리스 리더십을 수행하기 위해서는 직원들 간의 배려와 협력, 그리고 빅데이터와 인공지능 같은 기술의 활용이 조화롭게 기업 내에 자리 잡아야 할 것이다.

NO CEO 시대의 경영혁명

　　최근 언론에서 '노NO CEO'라는 키워드가 주목을 받고 있다. 인공지능이 발달하는 지금 상황에서 고전적인 형태의 CEO라는 존재가 더 이상 필요할까? 실제로 일부 기업들은 CEO를 배제한 조직 운영 방법을 모색 중이다. 하지만 과연 인공지능이 CEO의 존재를 대신할 수 있을까? 인공지능이 대체하지 못하는 CEO만의, 그리고 구성원만의 독자적 역할이 있지 않을까? 여기에서는 제4차 산업혁명의 시대에 능동적으로 대처하면서 CEO와 직원들이 경영자적 사고를 가지고 혁신을 도모하는 길을 고민해보고자 한다.

격자 조직에 기반을 둔 직원 참여형 리더십
W. L. 고어

스탠퍼드 대학교 경영대학원의 짐 콜린스Jim Collins 교수의 저서 『비저너리 컴퍼니Visionary Company』에 소개됨과 동시에 많은 경영대학원의 사례 연구에서 항상 주목받는 기업이 있다. 바로 W. L. 고어 & 어소시에이츠Gore & Associates(이하 '고어'로 표기함)이다.

고어는 직원을 무엇보다 소중히 여기는 회사로 잘 알려져 있다. 평판에 걸맞게 1984년 『포춘』이 선정한 '일하기 좋은 회사 100'에 선정된 이후 지금까지 계속해서 이름을 올리고 있으며, 2015년에는 '일하기 좋은 다국적 기업' 순위에서 세계 3위를 차지했다. 이와 같이 주목을 받는 이유는, 독특한 인사 제도와 유연한 근무 형태, 직원들에 대한 정성 어린 복리후생 등에 고어만의 특징이 있기 때문이다.

모범 기업의 대명사인 고어는 미국에 본사를 두고 있으며, 불소수지의 일종인 PTF 가공기술 분야에서 압도적인 글로벌 시장 점유율을 가지고 있다. 세계 각국에 1만 명이 넘는 직원을 거느린 다국적 기업이다. 1958년 듀퐁DuPont의 엔지니어였던 윌버트 리 고어Wilbert Lee Gore와 그의 아내 제너비브 월턴 고어Genevieve Walton Gore가 사람들이 상상력과 독창성을 유감없이 발휘하고 혁신을 지속적으로 추구할 수 있는 자유롭고 활기찬 회사를 만들기를 꿈꾸며 자신들의 집 지하실에서 창업했다.

이들이 현실과는 동떨어진 이상적인 조직을 목표로 회사를 창업한 것은 남편인 윌버트가 당시 대부분의 기업에 침투되어 있던 이론, 즉 '인간은 원래 일하는 것을 싫어하고 방치하면 하지 않기 때문에 명령과 통제에 의해 관리해야 한다'는 X이론에 반발했기 때문이었다.

그래서 윌버트는 고어를 창업하면서 계층이 존재하지 않는 '격자lattice 조직'을 표방하고, '어소시에이트associate(동료)'로 불리는 모든 직원이 평등하고 공정하게 평가받고 활약하는 조직을 만들기를 희망했다. 바로 이 부분이 고어가 가장 위대한 회사 중 하나로 평가받는 이유라고 짐 콜린스는 말한다.

고어의 기업 경영을 분석하면 크게 네 가지로 대변할 수 있다. 첫째, 고어는 전원경영의 가장 중요한 요소 중 하나인 기업문화를 과학적 방법에 의해 형성하고 있다. 일반적으로 기업들이 기업문화를 형성하는 과정에서 고민하는 문제는, 경영자와 달리 일반 직원들은 기업이 추구하는 가치 혹은 철학을 단순히 포스터에 인쇄된 표어로 치부해 실제로 사업을 운영하는 중요한 의사결정의 판단 자료로 삼는 경우가 많지 않다는 사실이다. 이는 고어 역시 초기에 기업문화를 형성할 때 어려워했던 부분이다.

이 문제를 극복하기 위해 고어는 격자 조직을 지탱하는 기업문화를 형성하고자 정기적으로 기업문화의 건전성과 어소시에이트의 자발적 참여 정도를 파악했다. 조직에 대한 충성도 및 관심도를 평가하고, 조사 결과에서 얻은 빅데이터를 분석해 개선이 필요한 사항을 확인했다. 즉 전 세계의 모든 직원을 대상으로 기업문화 조사를 실시해 그 결과를 바탕으로 빅데이터를 분석하고, 시대의 변화와 어소시에이트의 특성 변화에 대응하는 기업문화 형성 전략을 지속적으로 수립해나간 것이다.

고어의 이러한 기업문화 조사 방법이 큰 의미를 가지는 것은, 최근이 아니라 창업 당시부터 추진했다는 점 때문이다. 심리학자이자 경영학자인 더글러스 맥그리거Douglas McGregor의 Y이론에 근거해 기업문화를 확립했는데, Y이론이란 인간을 성선설性善說 관점에서 파악하고 인간의 자발적 의식을 존중하며, 노동은 단순히 돈 때문에 하는 것이 아니라 내재적 동기의 발현이라고 주장한다.

실제로 Y이론을 창업 시부터 중요하게 여긴 고어의 경영자들은 기업이 성공하기 위해서는 직원 한 사람 한 사람이 깊은 상호 신뢰를 형성하고, 그 신뢰를 바탕으로 공동의 목표를 향해 협력하는 것이 중요하다고 판단했다. 그리고 그러한 상호 신뢰의 정도와 협력의 상황을 객관적으로 파악하고자 직원을 대상으로 의식 조사를 실시하게 된 것이다. 오랜 기간 동안 획득한 조사 결과는 오늘날 중요한 빅데이터로서, 변화하는 시대적 상황에 대처하는 기업문화를 형성하는 근거로 활용되고 있다.

둘째, 고어는 전원경영의 리더십을 형성하는 모체가 되는 격자 조직을 만드는 데 노력해왔다. 고어는 구성원 모두가 기업과 개인의 성공을 동시에 실현하고자 하는 의식을 갖기 위해서는 환경적 프레임워크framework, 즉 계층과 상하 관계를 배제한 격자 조직이 중요하다고 생각했다.

격자 조직이란 직원들이 스스로의 재능과 관심을 회사의 사업과 중첩해나가는 프레임이라고 할 수 있다. 격자 조직 내에서 고어의 직원들은 리더와 스폰서의 역할을 맡은 동료들과 함께 사업의 중요한 부분에 자신의 관심과 능력을 집중 발휘하고 있다.

물론 고어가 격자 조직을 구축해 사업을 추진하는 것은 쉬운 일이 아니었다. 모든 현상에는 장점과 단점이 있듯이 격자 조직도 본질적인 문제를 안고 있다. 사업의 규모가 확대되고 복잡해질수록 그에 따른 구체적인 책임과 의사결정의 가시화가 필요하기 때문이다. 그리고 고어 역시 글로벌 기업으로 규모를 확대해가는 과정에서 이러한 문제를 알게 되었다. 고어는 업무 분장을 명확히 하고 의사결정 과정을 신속히 할 수 있는 리더와 스폰서 제도를 도입함으로써 이 문제를 해결하고 있다.

셋째, 고어는 전원경영의 리더십, 즉 리더리스 리더십을 활용하기 시작했다. 격자 조직 형태의 고어가 계층을 배제함에도 불구하고 리더와 스폰서라는 역할을 두고 있다는 것은 언뜻 모순적으로 보인다.

하지만 고어가 채택하고 있는 리더와 스폰서의 역할은 일반적인 히에라르키 조직과는 차이가 있다.

고어가 리더의 역할을 두게 된 것은, 각 부문의 사업을 신속하게 진행하기 위해 그 상황을 파악하고 책임을 수행할 존재가 필요했기 때문이다. 이에 따라 고어는 모든 구성원이 평등하다는 것을 전제로, 리더들에게 담당 업무에 관해 일시적으로 권한을 위임했다. 또한 '스폰서'라는 코치를 둠으로써 그 역할을 맡은 직원 개개인이 능력을 키워 자발적으로 참여하고, 사내 커넥션을 만들도록 도와주어 그의 성장을 지원한다.

고어는 리더를 선정하는 과정에서도 능력보다 '팔로워십'을 중시한다. 이때 팔로워십은 사내 평가에 의해 측정된다. 이 평가는 '누구와 함께 일하고 싶은가'를 프로젝트와 관련된 직원들에게 질문하고, 직원들이 자유롭게 기술한 내용을 근거로 후보자를 선정한 후, 다시 한번 피드백 조사를 함으로써 완성된다. 이 과정에서 리더 후보로 거론된 직원의 데이터는 중요한 빅데이터로 관리되며, 선정된 리더는 직원들에게 명령과 통제를 하지 않는다는 원칙을 지키도록 요구받는다. 이런 조건하에 리더들이 권한을 위임받으면 직원들은 도전의식을 가지고 업무를 수행할 수 있도록 지원한다. 현재 고어의 CEO인 테리 켈리Terri Kelly 역시 이사회가 직원들을 상대로 실시한 팔로워십 조사 결과를 바탕으로 선임되었다.

그런데 고어처럼 리더들에게 명령과 통제를 철저히 배제하라고 하면, 리더들은 어떻게 프로젝트를 구현하고 직원들을 통솔할 수 있을까? 기본적으로 리더의 역할이란 명령과 통제를 바탕으로 하는 경우가 많은데 말이다.

고어는 바로 이 점, 즉 리더가 명령과 통제에 의존하는 것 자체를 문제시하고 있다. 리더들이 명령과 통제에 의존하는 원인은 리더의 성과를 매출 등 단기적인 성과에 근거해서 평가하기 때문이라는 것이다. 따라서 고어는 독자적인 리더의 평가 시스템을 도입해 장기적인 시점에서의 평가에 주목하고 있다. 이 점에 대해 뒤에서 보다 구체적으로 살펴보자.

넷째, 고어는 리더를 포함한 모든 직원의 평가를 사업 추진 과정에서 회사 그리고 서로에게 어떠한 영향을 미쳤는지에 주목해 실시한다. 즉 직원 모두가 1년에 한 번 '동료 평가Peer Review'를 받도록 하고 있다.

고어는 직원들이 얼마나 열심히 일하고 있는지는 경영진 혹은 상사보다 매일 함께하는 동료들이 더 자세히 알고 있다는 전제하에 직원들이 연 1회 동료의 기여도 및 회사에 미치는 영향을 평가하도록 하며, 그 결과를 바탕으로 급여와 상여금을 결정한다. 그리고 평가 과정에서 얻은 직원의 인구통계학적 요소와 직장의 환경 역학에 입각해 조사 결과는 인적자원 관리의 빅데이터로서 중요한 자산으로 활용된다.

　이와 같은 고어의 독자적인 전원경영을 들여다보면, 직원 모두의 자발적 참여를 유도하기 위해서는 격자 조직과 같은 프레임의 설정이 중요하다는 사실을 확인할 수 있다. 격자 조직은 예전부터 직원들이 서로 연계하거나 쌍방향 커뮤니케이션을 도모하기 쉽고, 지식을 공유하는 데 적합한 형태로 평가받아왔다. 실제로 고어가 그러한 특징을 잘 보여준다. 그럼에도 불구하고 기업들이 격자 조직을 도입하지 않는 이유는 무엇일까?

　하나는 노조와 비노조 등 이해관계를 둘러싼 대립 구조가 있어 히에라르키를 배제하기에는 이미 너무 확고한 차별적 성향의 계층이 형성되어 있기 때문이고, 다른 하나는 직원들을 채용하는 단계에서 학력에 따라 직종, 승진, 급여 등의 차등적 평가 시스템이 있기 때문이다.

　하지만 고어의 경우 격자 조직이 가능했던 것은 앞서 언급한 것처럼 창업 단계에서부터 이러한 히에라르키에 근거한 조직 프레임을 배제해왔기 때문이다.

　따라서 기존 기업이 격자 조직을 도입하기 위해서는 상사와 경영자들이 명령과 통제의 권한을 내려놓는 것에서부터 시작해야 하고, 리더의 의미를 상사와 경영자가 아니라 그 사업을 추진하는 메인 담당자로 규정하는 것이 필요하다. 그러면서 기존의 계층적 지위를 한

순간에 박탈하는 것이 아니라, 업무의 성격과 적합성에 따라 리더를 팔로워십에 의해 선정하고 실적이 아닌 동료 평가로 그의 성과를 측정해야 한다. 이런 형태가 정착되면 리더의 정의와 평가 기준이 달라지고, 기존 조직의 히에라르키는 다른 의미를 가지며, 그 가치 역시 변하게 된다. 결국, 히에라르키에 근거해 운영되던 조직은 자발적인 직원의 참여로 운영되는 조직으로 탈바꿈하게 되는 것이다.

권위를 배제한 리더십 조직
오토매틱

10억 달러 규모의 회사를 운영하는 기업의 경영자가 사무실과 이메일도 없이 리더십을 발휘하고 있는 기업이 있다. 바로 온라인상에서 홈페이지 혹은 블로그를 자유롭게 만들 수 있는 오픈소스인 '워드프레스WordPress'를 제공하는 오토매틱Automattic의 맷 멀런웨그Matt Mullenweg이다.

오토매틱은 2005년 8월 설립된 후 워드프레스를 주력 서비스 콘텐츠로 제공하면서 지속적으로 성장해 2015년 매출이 10억 달러를 돌파하면서 성공한 IT 벤처기업의 반열에 올랐다. 실제로 오늘날 워드프레스는 모든 웹사이트의 25퍼센트를 차지하고 있다. 그런데 오토매틱은 구글, 페이스북과 달리 창업자인 CEO의 리더십 파워가 두

드러지게 드러나지 않는다.

오토매틱은 43개국에 400명 정도의 직원을 두고 있는데, 이 직원들은 대부분 자신의 집이나 사무실에서 공동으로 업무를 수행한다. 직접 만나서 회의를 하거나 메일을 통한 연락도 하지 않으며, 오직 오토매틱에서 커뮤니케이션 및 협업을 위해 제공한 내부 블로그 플랫폼인 'P2 테마'를 활용해 업무를 추진하고 있다. 어떻게 보면 다소 폐쇄적인 조직문화처럼 보이지만 창업자 멀런웨그가 기업 이념으로 제시하고 있는 표현, '출판의 민주화'라는 콘셉트를 보면 폐쇄적인 것과는 상이한 부분이 있다.

오토매틱은 궁극적으로 세상의 모든 사람이 워드프레스를 활용해 자유롭게 의사를 표현하고 사고를 공유하는 것을 꿈꾼다. 그래서 자유라는 가치를 업무 형태에도 반영해 세계 각국에 흩어져 있는 직원들이 집이든 사무실(엄밀히 말하면 공동작업 공간)이든 자신이 원하는 곳에서 업무를 수행하도록 한다.

인재를 채용할 때에도 인터넷으로 면접을 보고 국가와 지역에 관계없이 채용한다. 그러면서 다양한 나라에서 일하는 직원들이 자유롭게 소통하고 업무를 볼 수 있도록 지원하기 위한 커뮤니케이션의 장을 자체적으로 마련하고, 가능한 경영자의 관여를 배제한 채 직원들이 자발적으로 참여하는 홀라크라시의 기반을 구축했다.

그런데 오토매틱이 독자적인 커뮤니케이션의 공간을 마련해두고 일상 업무에 관한 정보를 공유하면서 여러 안건을 해결하고 있다고는 하지만, 과연 모든 업무를 해결할 수 있을까? 다시 말해 대면 없이 온라인 문자 소통으로 문제를 해결하는 방식은 경영자의 확고한 지침이나 명령이 제공되지 않으면 많은 착오가 생기기 마련인데, 어떻게 '보이지 않는 리더십'으로 가능한가라는 것이다.

그 해답은 오토매틱의 인재 채용 과정에 있다. 오토매틱이 인재 선발에서 가장 중요시하는 것은 바로 글쓰기 능력이다. 여기서 글쓰기 능력이란 자신의 생각을 간결하고 명확하게 전달할 수 있는 능력을 말한다.

사람들은 말을 하다보면 말하고자 하는 내용 외에 많은 불필요한 요소가 들어가게 되고, 듣는 사람도 실제로 본래의 회의 목적 혹은 의도를 중간에 잊어버려 상호 이해에 어려움이 생길 수 있다. 오히려 서면으로 소통하는 것이 사고의 과정과 그 의도를 명확히 하며, 그 내용을 모두가 언제든지 공유할 수 있어 업무 진행의 정확성을 추구할 수 있다는 것이다.

이러한 이유 때문에 경영자인 멀런웨그는 굳이 직원들을 만나지 않고 회사에 출근하지 않아도 업무를 추진할 수 있는 서면 기술에 근거한 소통 방법을 만들어냈다. 그러자 소통의 횟수는 훨씬 증가했고, 대화의 내용은 더 명확해지고 간결해졌다.

어찌 보면 문자에 근거한 소통 방법이 다소 건조한 느낌을 줄 수도 있다. 하지만 일반적인 히에라르키 조직의 기업과 비교해보면 오토매틱의 방식이 훨씬 독창적이고 참고할 부분이 많은 듯하다. 히에라르키적인 기업에서 상사 혹은 경영자의 존재는 직원에게 같은 공간에서의 만남 그 자체만으로도 긴장을 유발하며, 하고 싶은 말이 있더라도 주저하게 만들기 때문이다.

이러한 경영자 혹은 상사라는 존재 자체가 가지는 권위를 배제하는 수단으로 홀라크라시 같은 평등한 조직구조와 직원이면 누구나 볼 수 있는 공개된 장을 만든다면, 직원들은 자신의 의견을 명확히 개진할 수 있게 될 것이다. 설사 직원의 의견이 자신의 의사에 반한다고 하더라도 경영자는 논리적 설명 없이 의견을 무시하거나 비판할 수 없다. 모두가 보고 있는 데다 그 의견의 타당성은 모두에 의해 객관적으로 평가받을 것이기 때문이다.

오토매틱은 바로 이러한 오픈 경영의 원칙 아래 모두가 자유롭게 참여하고 소통할 수 있는 공간을 만들어 경영자 스스로 리더십의 권위를 억제하고 소통하는 시스템을 구축한 것이었다.

물론 오토매틱의 경영 방식은 글쓰기 능력이 있는 인재만을 채용해야 한다는 한계를 가지고 있다. 하지만 세계 각국의 글쓰기 능력을 가진 인재가 모두 오토매틱의 채용 가능한 인적자원 후보자라는 점에서 보면, 인재 채용의 한계 또한 문제될 것은 없을 듯하다. 특히 육아, 노인 돌봄, 그리고 신체적인 이유로 재택근무밖에 할 수 없는 인재들에게도 문이 열려 있다는 점에서 사회적 가치의 실현이라는 부수적인 효과도 가져올 가능성이 높다.

CEO가 없는 기업
크리스프와 DPR

얼마 전, 영국 BBC 뉴스에서 기자가 기업의 홍보 담당자에게 다음과 같은 질문을 한 적이 있다. "회사에서 직원들에게 무엇을 하도록 지시하고 명령하는 누군가가 꼭 필요합니까?"

그 대답은 상식적인 선에서는 물론 "예스"일 것이다. 하지만 질문을 받은 스웨덴의 컨설팅업체 크리스프Crisp의 홍보 담당자는 "노"라고 대답했다. 즉 기업 경영자의 역할을 두지 않는 선택을 한 것이다.

약 40명의 직원이 근무하고 있는 크리스프는 과거에 CEO 체제로 운영되던 회사 조직을 포기하고 홀라크라시를 기반으로 한 조직 형태로 바꾸었다. 사내 투표로 CEO를 뽑아 기업을 운영해보았으나 구성원들이 실제로 CEO가 특별한 일을 하는 것처럼 느끼지 못했고, 왜 굳이 CEO를 두어야 하는지 의문을 제기했기 때문이다. 그렇게 CEO의 필요성에 대한 논의를 진행하던 크리스프는 결국 CEO를 선발하는 투표에도 회의적인 모습을 보이기 시작했고, 급기야 CEO의 역할을 없애는 방향으로 의견을 모으게 되었던 것이다.

크리스프는 1년에 2~3회 모든 직원을 대상으로 4일간 회의를 개최한다. 회의에서 직원들은 자신의 책임하에 진행되는 업무 외에 다른 직원들의 업무에 영향을 끼치는 안건들을 제시하고 토의한다. 예를 들어 사무실의 이전은 아이를 키우는 직원들에게 학교 문제 등 영향을 끼치기 때문에 이런 안건들을 4일간의 회의 동안 중점적으로 처리하는 것이다.

그러나 모든 의견을 4일 안에 조율하고 합의를 이끌어내는 것은 쉬운 일이 아니다. 특히 의사결정을 내리는 책임자인 경영자가 없는 가운데 법률적 검토가 필요한 안건처럼 중요한 사안일 경우, 전 직원이 참여하는 회의에서 결론을 내리는 것은 불가능하다.

따라서 크리스프는 경영자가 없는 대신 직원들이 선정한 임원들로 구성된 이사회를 두고, 법적 문제와 관련된 안건 혹은 직원들 전체에 영향을 끼치는 중요 안건의 최종적인 합의를 도출해내는 방식을 채택하고 있다. 즉 직원 전체 회의와 이사회의 이중 구조로 회사를 운영하는 것이다.

크리스프의 또 다른 특징은, 프로젝트를 추진하는 팀의 리더 역할을 맡은 직원이 그 사업에 대한 예산 결정 권한을 모두 가지고 있다는 점이다. 크리스프의 조직관리 코치 역할을 담당하고 있는 헨리크 크니베리 Henrik Kniberg는 크리스프가 성장하는 중요한 이유로 이 점을 들고 있다. 즉 경영자에게 일일이 승인을 받는다면 사업 추진이

지체되는 경우가 많은데, CEO가 없으면 바로 이러한 문제를 예방할 수 있다. 크니베리는 여기에 한 가지를 덧붙인다.

"승인이 필요하지 않다고 해서 예산 집행의 필요성을 둘러싼 논의의 과정을 거치지 않는 것은 아니다. 크리스프의 모든 직원은 프로젝트에 관한 리더이든 어소시에이트이든 모두 공동 책임을 지고 있기 때문에 예산 집행의 타당성에 대해 적극적으로 토의하고 신속하게 결정을 내리고 있다."

그는 또 "이러한 직원들의 공동 책임하에 추진되는 프로젝트 결과에 대해서는 전 직원이 서로 평가하는 시스템을 도입해 업무 성과와 만족도를 측정한다"고 강조한다. 그리고 이렇게 획득한 데이터를 기반으로 직원들 각자의 역할과 앞으로의 방향을 토의를 거쳐 결정해 나간다는 것이다.

사실 크리스프의 직원들이 책임의식을 가지고 능동적으로 사업에 참여하기까지는 많은 진통이 있었다. 앞서 소개한 홀라크라시의 대표 기업인 자포스와 고어의 경우에도 히에라르키가 없는 조직구조를 만드는 과정에서 많은 직원이 퇴사를 결정했다. 책임 소재를 명확히 하는 데 부담을 느낀다든지, 능동적으로 참여해 스스로 해야 할 일을 결정하는 것에 불편함을 느끼는 직원들도 있었기 때문이다. 크리스프 역시 이러한 과도기를 거쳐 공동 책임 합의체 형태의 의사결정 시스템을 확립해 경영자 부재의 기업 운영을 추진하고 있다.

그런데 크리스프와 같이 경영자의 존재를 부정하는 급진적인 리더십 혁명이 과연 지속적으로 실현 가능할까? 이 질문에 대해 의문이 드는 것이 사실이다. 드롭박스Dropbox의 창업자 드류 휴스턴 An'drew' W. Houston은 다음과 같이 지적한다.

"무한한 자유가 언제나 직원들에게 행복을 가져다주는 것은 아니다. 리더가 없는 구조이므로 자유롭고 활발하게 아이디어의 제안이 이루어질 것이라고 기대할지도 모르지만, 위기 상황에 직면했을 때는 걷잡을 수 없는 혼란에 빠질 수도 있다. 특히 가장 큰 위험 요소는 직원들 자신이 곤란한 상황에 직면할 경우, 책임을 회피하기 위해 상대방의 책임 영역으로 돌린다든지 하는 문제가 발생할 가능성이 크다."

게다가 경영자 부재의 리더십 혁명은 직원 40명 규모의 크리스프의 경우는 도전해볼 만하지만, 대기업의 경우 현실적으로 불가능한 것이 사실이다.

그러나 대기업도 활용 가능한 방법을 제시한 기업이 있다. 미국의 건설회사 DPR로, 이 회사는 4,000명의 직원이 근무하는 매출액 40억 달러의 대기업임에도 불구하고, 직원들은 중간관리자 혹은 상사를 두지 않고 평등한 계층구조하에서 자유롭게 아이디어를 내고 토론하며 사업을 진행하고 있다. 다만 DPR에는 CEO가 없지만, 그 대신 중요한 의사결정을 담당하는 관리위원회가 존재한다. 실질적으로 8명으로 구성된 이 관리위원회가 경영자의 역할을 수행하고 있는 셈이다.

관리위원회는 법적인 문제를 포함해 중요 안건에 대한 최종 책임을 지면서 의사결정을 내린다. 직원들은 사업에 대해 관리위원회에 보고할 때 중간관리자가 없다보니 바로 보고할 수 있고, 관리위원회로부터 승인을 받아 바로 진행할 수 있다. 즉 중간관리자의 존재를 배제함으로써 직원의 자발적 참여를 유도하고, 신속한 의사결정이 가능하도록 한 것이다.

DPR의 관리위원회 시스템이 주목을 받는 또 다른 이유는, 인공지능이 경영자의 의사결정에 관한 부문에 많은 도움을 줄 경우 경영자 개인의 판단보다는 관리위원회 같은 합의체 기구가 보다 효과적으로 작용할 것이기 때문이다.

DPR의 사례를 보면, 결국 중소기업이나 대기업 모두 중간관리자를 배제한 조직구조를 가진다는 것은 직원들의 자발적 참여, 책임 소재의 명확화, 그리고 신속한 의사결정을 진행할 수 있는 공통적인 방법이다.

크리스프 이후 경영자 불요론을 제기하는 기업들이 증가하고 있다. 아베크롬비 앤드 피치Abercrombie & Fitch(또는 A&F) 역시 마이크 제프리스Mike Jeffries 전 CEO가 물의를 일으키며 회사를 떠난 이후, CEO의 존재 자체가 리스크라는 의견이 제기되면서 후임 CEO의 불요론이 대두되며 갈등을 겪고 있다.

　이처럼 오늘날 CEO는 당연히 있어야 하고 반드시 필요한 존재라는 인식에서 변화하고 있다. 이런 상황에서 인공지능과 빅데이터를 활용한 경영 판단의 고도화는 어쩌면 CEO의 존재를 더욱 위협하는 요인으로 작용할 수 있다.

　하지만 기업이 위기를 어떻게 극복할지에 초점을 맞추면, 아무래도 CEO의 존재적 가치를 부정하기는 어렵다. 위기 상황에서는 기업이 나아갈 방향과 철학을 제시하고, 직원들의 심적 불안을 해소시키는 든든한 존재가 필요하기 때문이다.

　따라서 가장 이상적인 형태는 중간관리자를 배제한 홀라크라시를 도입해 직원들의 자발적 참여와 의사결정의 신속성을 추진하면서, 경영자 혹은 경영관리위원회가 위기 상황에 대처할 수 있는 근거를 마련하는 것이라고 생각된다.

Insight

지금은
전원분석경영의 시대

제4차 산업혁명이 진행되는 가운데 최근 직원 모두가 경영자적 사고를 가지고 능동적으로 사업에 참여하는 전원경영을 보다 구체화한 '전원분석경영'이 주목을 받고 있다. 전원분석경영이란 기업의 모든 직원이 데이터 분석 기법을 이해한 후 사업에 활용함으로써 업무의 개선을 적극적으로 전개하는 것을 의미한다.

이는 기존의 CDO^{Chief Digital Officer}라는 데이터 분석 전문가의 도움에 전적으로 의존하는 것이 아니라, 직원 스스로가 분석된 데이터 결과를 해석하고 업무에 적극적으로 활용하는 것이다. 실제로 일본의 대형 유통 그룹의 하나인 미쓰코시 이세탄三越伊勢丹이 바로 이 경영 전략을 채용하고 있다.

미쓰코시 이세탄은 일본을 대표하는 장수 기업 중 하나로, 최근 백화점 업계가 경기침체로 인해 매출이 급감하고 온라인 마켓으로 고객이 이탈하는 중에도 일본 국내 백화점 매출 1위를 유지하며 고객들의 발길이 끊이지 않는다. 이러한 성공 요인을 분석한 연구 결과를 보면, 고객의 구매 행위에 대한 분석을 통해 히트 상품을 발굴하는 시스템을 사내에 확립한 것이 주효했다.

미쓰코시 이세탄은 일찍이 내부에서 자체적으로 제품과 고객의 정보를 상세하게 분석할 수 있는 데이터 관리 시스템을 도입했으며, 전 직원이 그러한 데이터 분석을 바탕으로 업무를 수행해왔다. 데이터 분석의 핵심은 'MD 정보 분석 시스템'으로 불리는데, 제품 개별 단위의 판매 데이터를 일별로 관리해 판매 담당자와 바이어를 포함한 전 직원 8,000명이 자유롭게 접근해 활용할 수 있도록 했다.

매월 MD 정보 분석 시스템을 이용한 횟수는 40만 회가 넘으며, 특히 월요일 아침에는 접근이 쇄도한다. 이 시스템을 통해 직원들이 얻을 수 있는 가장 중요한 정보는 한눈에 파악 가능한 히트 상품의 동향이다.

예를 들어 트렌드의 변화가 빠른 패션 상품의 경우, 바로 지난주까지 매출이 좋았던 상품이 이번 주에 갑자기 떨어지기도 한다. 날씨와 패션 잡지 기사 등의 외부적 요인으로 제품이 어떻게 팔릴지 쉽게 파악할 수 없는 것이다.

이때 직원들은 스스로 MD 정보 분석 시스템을 활용해 일반적으로 자신이 3개월 전에 세운 월간 판매 계획과 실적의 차이를 검증하고, 그 이유를 분석해 미래를 예측한다. 이를 통해 직원들의 잘못된 경험에서 발생할 수 있는 오류를 방지하고, 정확한 데이터 분석을 통해 직원들 스스로 판매 계획을 세우면서 데이터를 바탕으로 항상 변화하는 상황에 대처하도록 한다.

최근 빅데이터의 활용이 확대되면서 기업에서는 데이터 분석 전문가를 영입하려는 경쟁이 치열하다. 그런데 모든 직원이 자발적으로 참여하는 기업을 만든다는 전제하에서 생각하면, 데이터가 일부 전문가들의 업무로 다루어지는 것은 그다지 효율적이지 않다. 계층이 없는 조직에서 능동적으로 일하기 위해서는 모든 직원이 정보의 격차 없이 데이터를 공유하고, 분석하며, 실행하는 능력이 필수적이기 때문이다.

따라서 오늘날처럼 빅데이터의 분석과 해석을 바탕으로 업무를 추진하는 것이 중요한 환경에서는 전원경영을 실현하는 조건으로서 직원 모두가 데이터 리더가 되겠다는 각오로 데이터에 대한 관심과 해석 능력을 기르는 것이 필요하다.

> 에필로그

AI 경영과 IA 경영 사이에서
공동가치를 찾다

제4차 산업혁명에 관련된 기술 개발이 급속히 진행되는 가운데, 인공지능이 인간 사회를 지배할 것이라는 우려가 지속적으로 제기되고 있다. 그 대표적인 학자로, 얼마 전 타개한 스티븐 호킹 박사는 지금과 같은 상태로 인공지능의 개발이 가속화되면 2600년에 인류는 소멸할 것이라고 경고했다.

물론 이와 같은 지적이 인공지능 개발의 흐름을 바꿀 수는 없겠지만, 그래도 한 번쯤 어떤 형태로 인공지능을 개발하고 활용해야 하는지를 생각하게 만든다. 즉 어떻게 인간이 지속적으로 주도권을 가지고 인공지능의 형태를 개발할 수 있는가 하는 것이다.

현재 그 방법으로 제기되고 있는 것이 인공지능Artificial Intelligence, 즉 'AI'에서 인간의 지능증폭Intelligence Amplifier인 'IA'로 초점을 옮겨야 한다는 주장이다. 다시 말해 인공지능을 특정 목적을 위해서만 사용하는 것으로, 개발의 한계점을 정한 후 인공지능을 보다 슬기롭게 활용할 수 있는 인간의 지능 강화에 주안점을 두어야 한다는 것이다.

예를 들면 서비스업의 경우 인공지능을 활용해 무인으로 음식을 제공하는 '잇사Eatsa'와 같은 레스토랑도 있지만, 아직까지 서비스에는 사람이 필요하다는 인식이 보편적이다. 그 이유는 인간과의 감정 교류에서 느끼는 행복감과, 고객의 상황에 맞는 임기응변 배려를 빠뜨릴 수 없기 때문이다.

만약 이러한 인간 특유의 정서적 교감까지 인공지능으로 대체하려고 한다면, 오히려 인공지능에 대한 불신·불만으로 이어져 인공지능과 인간의 갈등 소재로 확대될 수도 있다. 따라서 인공지능의 개발도 중요하지만, 한편으론 인공지능을 활용할 수 있는 IA가 필요해지는 것이다. 그리고 인공지능을 효율적으로 활용하는 IA가 진행되면 다음과 같은 점에서 효과가 나타날 것으로 기대된다.

첫째, 인공지능을 활용함으로써 자신의 업무를 능동적으로 처리하게 되므로 직원 모두가 리더십을 형성할 수 있다. 둘째, 인공지능의 딥러닝을 통해 제안된 IoT 기술을 활용함으로써 자신이 속한 기업의 틀을 벗어나 같은 목적을 가지고 인공지능을 활용하고 있는 타 기업과의 협력이 가능해진다. 즉 IoT를 통한 데이터 공유를 통해 자신의 기업과 동일한 목적을 달성하고자 하는 기업과 협력해 단시간에, 그리고 비용을 절감해 공동의 가치(공동창조)를 달성할 수 있게 된다.

이런 효과를 믿고, 이제 기업들은 인공지능이 공동가치를 제시하고 파트너십을 형성할 기업을 찾아주기만을 기다리는 것이 아니라, 인간이 주도적으로 공동가치의 창출을 추진할 수 있도록 능동적으로 움직여야 한다. 왜냐하면 기업들이 그렇게 능동적으로 움직이는 순간, 바로 경영혁명은 시작되기 때문이다.

경영
혁명

초판 1쇄 인쇄 2018년 9월 17일
초판 1쇄 발행 2018년 9월 27일

지 은 이 윤경훈
발 행 인 김종립
발 행 처 KMAC
편 집 장 정만국
책임편집 김선정
홍보·마케팅 최주한 박예진 이동언
표지·본문 이든디자인
출판등록 1990년 5월 11일 제13-345호
주   소 서울 영등포구 여의공원로 101, 8층
문의전화 02-3786-0182 팩스 02-3786-0107
홈페이지 www.kmac.co.kr

ⓒKMAC, 2018
ISBN 978-89-93354-98-0 13300

값 15,000원
*잘못된 책은 바꾸어 드립니다.

*이 책은 저작권법에 따라 보호받는 저작물이므로 무단 전재와 무단 복제를 금지하며,
 책 내용의 전부 또는 일부를 이용하려면 반드시 KMAC의 동의를 받아야 합니다.

이 도서의 국립중앙도서관 출판예정도서목록(CIP)은 서지정보유통지원시스템 홈페이지(http://seoji.nl.go.kr)와
국가자료공동목록시스템(http://www.nl.go.kr/kolisnet)에서 이용하실 수 있습니다.(CIP제어번호: CIP2018019361)